# 秘密の花園

バーネット・作　乾 侑美子・訳
かみやしん・絵

## もくじ

**原作者紹介**

フランシス・ホジソン・バーネット
(Frances Hodgson Burnett　1849—1924)
イギリスのマンチェスター生まれ。４歳のとき父をなくし、一家は1865年、おじさんをたよってアメリカに渡りました。そして小説家となり、『小公女』『小公子』など、子どものために数多くの物語を残しました。バーネットはこの『秘密の花園』を、緑あふれる故郷イギリスの家のバラ園で書きました。

# 1 だれもいない家

メアリが、おじさまにひきとられてミセルスウェイト館にやってきたとき、まあなんとみっともない子なのだろうと、だれもがおどろいたものでした。ほんとうに、メアリはかわいい子ではありませんでした。小さな顔、細い体、つやのない、色のうすいかみの毛。おまけにいつも顔をしかめています。その顔も黄色で――というのも、メアリはインド生まれで、そのうえ病気ばかりしていたからでした。

メアリのお父さまは、イギリス政府（この物語が書かれた20世紀のはじめは、インドはイギリスの植民地になっていた）のとてもいそがしい仕事をしていて、やはりいつも病気がちでした。

いっぽう、メアリのお母さまはとてもきれいな人でした。けれどもこの人がなにより大すきだったのは、パーティーと、毎日楽しくすごすことだけだったので、自分の小さな女の子など、じゃまでしかたありませんでした。

だからメアリは、生まれるとすぐに、乳母にあずけられました。乳母はすぐに、メムサーイブ――インドでは、おくさまをそうよびます――に気に入られたかったら、できるだけ赤ちゃんを見せないようにすることだと気づきました。

こうして、泣きむしの、みっともない赤ちゃんだったメアリは、お母さまをほとんど知らないまま、泣きむしの、みっともないおちびさんになりました。毎日見るのはインド人の召使いたちの顔ばかりで、この人たちは、メアリのいうことはなんでもきいて、すきなようにさせせました。メアリが泣いてうるさいと、メムサーイブのごきげんがわるくなるからでした。

こんなふうでしたから、六歳になったメアリは、世界じゅうのどんな子ブタよりもっとわがままで、自分かってな女の子でした。

イギリス人の若い家庭教師は、こんなメアリが大きらいで、三か月もしないうちにやめていき、あとの人も、だれも長つづきしませんでした。ですからもしメアリが、自分で本を読めるようになりたいと、心から思わなかったら、きっといつまでも読めないままだったでしょう。

メアリが九歳のときの、あるとくべつに暑い朝のことでした。メアリは目がさめたとき

からきげんがわるく、ベッドの横に立っている召使い(めしつかい)が乳母(うば)ではないと知ると、もっときげんをわるくしました。

「なぜおまえがいるの。おまえなんか、帰って。乳母をよんでよ。」

メアリはその、見たことのない召使いにいいました。

その召使いはおびえたような顔をして、乳母は来られません、とこたえました。そうして、かっとなったメアリがけったりたたいたりしても、ますますおびえた顔になって、ただ、乳母はおじょうさまのところへは来られませんので、とくりかえすばかりでした。

その朝は、なにかが変(へん)でした。だれも朝の仕事をしていないし、ときどき来る召使いたちも、こそこそと、おびえたようないそぎ足でとおりすぎていきます。だれも、なにもおしえてくれないし、乳母も来てはくれず、メアリはいつまでもひとりきりでした。

メアリはしかたなく、ひとりで庭へ出て、ベランダのそばの木の下で遊びはじめました。花だんをつくろうと思って、土をもりあげ、赤いハイビスカスの花を集めてのせながら、メアリはぷりぷりしていました。乳母が来たら、ひどいことばをなげつけてやるつもりでした。

「ブタ！　ブタ！　おまえなんか、ブタの子なんだから！」

# 1　だれもいない家

メアリは口をゆがめて、小声でくりかえしました。インドでは、ブタとよぶのが、召使いをいちばんはずかしめるいいかたでした。

そのとき、物音がしました。見ると、お母さまが、イギリスから来たばかりの若い役人といっしょに、ベランダに出てきたところでした。

メアリはお母さまをじっと見つめました。いつも、お母さまを見られるときは、メアリはじっと見つめました。お母さま――メアリはその人のことを、お母さまというより『メムサーイブ』だと思っていたのですが――は背の高い、目の大きな美しい人で、いつもきれいなドレスを着ていたからです。ドレスはみなうすい、ひらひらする布でできていて、どこもかしこもレースだらけだと、メアリは思ったものでした。

けれどその朝のお母さまは、なにかをこわがっているようでした。

「そんなにひどいの？　ほんとうに？」

お母さまが聞きました。

「ええ、おくさま。二週間前に、山のほうへお逃げになるべきでした。」

役人がこたえたとき、召使いの部屋のほうで大きな泣き声があがりました。お母さまが、あえぐようにいいました。

「なんでしょう、どうしたのかしら？」

「だれかが死んだんですよ。召使いたちのあいだにも、ひろまっていたんだ。」

「知りませんでしたわ！　いっしょにいらしてくださいな。早く！」

お母さんはそういって、家の中にかけこんでいきました。

その朝のなぞがとけて、メアリがぞっとするようなできごとを知ったのは、しばらくたってからのことでした。コレラがおそろしい勢いではやりだし、人びとがどんどん死んでいっていたのです。

夜のあいだに乳母が発病し、メアリたちが庭で聞いた泣き声は、乳母が死んだときのものでした。まだ元気だった召使いはみな逃げだし、のこされた病人は小屋の中で死にかけていました。

人びとが走りまわっているあいだ、メアリは子ども部屋にかくれて、だれからもわすれられていました。メアリのことを思い出し、ようすを見にきてくれる人はいませんでした。

一度だけ、メアリは食堂に入ってみましたが、人のすがたはなく、パーティーの料理がまだテーブルにのっていました。

メアリはのどがかわいていたので、そこのグラスにのこっていたワインを飲みました。

それがどんなに強いお酒か、知りませんでした。すぐに、メアリはひどくねむくなり、子ども部屋にひきかえしてベッドにもぐりこみました。

メアリは長いあいだねむりつづけ、そのあいだに、いろいろなことが起きました。けれどもメアリは、泣き声にも、なにかを運び出したり運び入れたりする物音にも、ぜんぜん気づきませんでした。

目がさめたとき、メアリは横になったまま、じっとかべを見つめました。家の中はしんとしていました。こんなに静かだったことは、今までありませんでした。人の声も、足音も、なにもしません。

みんなはもうなおったのかしら、コレラはもうなくなったかしらと、メアリは考えました。乳母が死んでしまったのなら、きっと新しい乳母が来るわ。なにか新しいお話を知っているかしら。いつもおなじお話を聞くのは、もうあきたわ。

乳母が死んだからといって、メアリは泣きませんでした。かわいそうだとも思わなかったし、とくべつなつかしくもなかったからです。ただ、コレラさわぎはこわかったので、あわただしい物音や召使いたちの泣き声が聞こえるあいだは、メアリは部屋にかくれていました。そんなメアリを、召使いたちはだれひとり、思い出しもしなかったのでしょう。

ほんとうにいやな召使いたち、でももうみんななおったのだから、だれかが思い出して、世話をしに来てくれるだろう――メアリはそう思っていました。

だれも、来てはくれませんでした。じっと待っていると、家はますますしずまりかえっていくようでした。床の敷物の上を、なにかがこする音がしました。見おろすと、小さなヘビがはいまわりながら、宝石のような目で、メアリを見ています。こわくはありませんでした。そのヘビは毒のない、小さなヘビだったし、いそいで部屋を出ていくところだったからです。

「変だわ、なんて静かなんだろう。まるでこの家には、わたしとヘビしかいないみたい。」

メアリはいいましたが、ちょうどそのとき庭に足音がしました。何人かの、男の人の足音でした。その人たちはかってに家に入り、小声で話しながら、部屋の戸をあけ、中をのぞいて見ているようでした。

「ひどいものだ！　あの美しい人がねえ。きっと、子どもも死んだんだな。たしか子どもがいたはずだ。見たことはないが。」

男の人の声で、そういうのが聞こえました。

人びとが子ども部屋のとびらをあけたのは、そのすぐあとでした。メアリは部屋のまんなかに立ち、顔をしかめていました。部屋に入ってきた人はメアリを見つけると、おどろいてとびすさり、うしろの人にどなりました。

「バーニー、ここに子どもがいるぞ！　たったひとりで、こんなところに！　なんということだ、この子はいったいだれだ？」

「メアリ・レノックスよ。なぜ、だれも来てくれなかったの？」

その子はぷりぷりしながらいいました。

「じゃあこの子が、だれも見たことがなかった、レノックス家の子どもなんだな。わすれられていたんだ！」

「なぜ、わすれられたの？　どうしてだれも来ないの？」

メアリは、じだんだをふみました。

バーニーとよばれた若い男の人が、気のどくそうに目をしばたたきながら、こたえてくれました。

「かわいそうに。この家にはもう、だれもいないんだよ。」

こうしてメアリは、そのときはじめて、自分にはもうお父さまも、お母さまもいないのだということを知ったのでした。二人とも、夜のうちになくなったのです。死なないですんだ何人かの召使いたちは、大いそぎで家を出ていき、だれひとり、『メアリおじょうさま』のことは思い出しませんでした。この家にはほんとうに、メアリと、さらさらと床をはう小さなヘビのほかには、だれもいなかったのでした。

## 2 「つむじまがりのメアリさん」

メアリは、遠くからお母さまを見るのがすきで、なんてきれいな人だろうと思っていました。でも、お母さまについて知っているのは、ほとんどそれだけだったので、お母さまがとくべつすきでもなかったし、なくなっても、べつに悲しくもさびしくもありませんでした。メアリはただいつものように、自分のことだけを考えて、新しく世話をしにくる人が、いうことをよくきくといいけれど、と思っただけでした。

はじめにメアリがつれていかれたのは、クロフォードさんというイギリス人の牧師の家でした。でも、ここに長くいないことは、メアリにもわかっていました。その家はまずしく、年の近い子どもたちが五人もおり、みなぼろぼろの服を着て、いつもけんかをしていました。

メアリはその子たちがきらいで、いつもぷりぷりしていたので、一日二日たつと、だれ

もメアリと遊ぼうとしなくなりました。おまけにその子たちはメアリにひどいあだ名をつけて、メアリをかんかんにおこらせました。

はじめにそのあだ名を思いついたのは、ベイジルという、なまいきそうな青い目をした男の子でした。そのときメアリは、土で小さな山と道をつくっていました。そこへベイジルがやってきて、こういったのです。

「そこに石で山をつくったら？　ほら、そのまんなかにさ。」

「そばへ来ないで！　男の子はきらい！」

メアリはさけびました。ベイジルはむっとして、メアリをからかいはじめました。メアリのまわりをおどりまわり、笑（わら）いながらうたったのです。

『つむじまがりのメアリさん、
庭にはなにを植えなさる？
銀色の鈴（すず）も貝がらも、
マリーゴールドもひとならべ』

それを聞くと、ほかの子どもたちも笑(わら)いながらうたいだし、メアリがおこればおこるほど、みんなで大声でうたいつづけました。それからというもの、メアリは、『つむじまがりのメアリさん』としかよばれなくなりました。

ある日ベイジルがいいました。

「今週のおわりに、おまえ、家におくりかえされるんだぞ。おまえがいなくなるんで、うれしいよ。」

「わたしも、とってもうれしいわ。家って、どこにあるの？」

メアリが聞くと、ベイジルがばかにしていいました。

「イギリスにきまってらあ。おまえは、おまえのおじさんのところへいくんだ。アーチボルド・クレイブンって人さ。その人は、大きな荒(あ)れはてたいなかの屋敷(やしき)に住んでいて、だれもその人に近よろうとしないんだってさ。すごくおこりっぽいから。おまけにせむしなんだって。」

「そんなこと、信(しん)じないわ。」

メアリはいい、ベイジルに背(せ)をむけて、指を耳につっこみました。

その夜、クロフォードさんがメアリに、二、三日のうちにイギリスへ船でわたり、ミセルスウェイト屋敷のアーチボルド・クレイブンおじさんのところへ行くことになったといいました。メアリはがんこにだまったままでした。

あとになって、クロフォードさんのおくさんが気のどくそうにいいました。

「ほんとうにみっともない子ね。お母さまはとてもおきれいで、すてきなかただったのに。メアリほどかわいくない子ははじめてだわ。」

クロフォードさんはこたえました。

「もしあのきれいな人が、もっと子ども部屋に行って、あのやさしい笑顔を見せてやっていたら、メアリももう少し、お母さまに似て、かわいらしくなっていたかもしれないのだが。」

メアリは、あるお役人のおくさんにつれられて、イギリスまでの長い旅をしました。ロンドンには、メアリをむかえるためにミセルスウェイト屋敷から人が来ていました。メドロックさんというミセルスウェイトの家政婦で、がっちりした体つきの、黒い目がするどい人でした。

メアリはこの人がぜんぜん気に入りませんでしたが、もともとメアリが気に入る人というのはほとんどいないのですから、べつに変わったことではありませんでした。

メドロックさんのほうも、メアリを、変わった子だと思いました。もともとメドロックさんは、ロンドンへなど来たくなかったのです。でもミセルスウェイト館の家政婦なのですから、アーチボルド・クレイブンさまがやれといったことは、すぐにやるのが、メドロックさんの仕事でした。

クレイブンさまは、いつもの冷たい、短いいいかたで、こういったのです。

「レノックス大佐とおくさまが、コレラでなくなった。レノックス大佐はわたしの妻の弟だ。わたしはその子どもの保護者になる。その子どもをここへつれてこなければならないから、あなたがロンドンへ行って、つれてきなさい。」

メアリは、おじさまという人とそのお屋敷のことを知りたいと思っていました。どんな屋敷で、どんな人なのかしら？　せむしってなんだろう？　インドにはなかったものかもしれないわ。

メアリはこのところずっとほかの人の家に住み、乳母に世話をしてもらえなかったので、さみしくなり、前には考えなかったようなことを考えはじめていました。たとえば、お父さまとお母さまが生きていたころでさえ、自分はひとりぼっちで、だれのものでもないように思えたのはどうしてだったのだろう？　というような。ほかの子どもたちはみな、その子のお父さんとお母さんの子どもでしたが、メアリだけは、だれのものでもないようだったのです。メアリには召使いがいて、食べ物も服もありました。でもだれも、メアリに気持ちをむけてくれません。それはメアリがかわいげのない子どもだったからなのですが、メアリはそのことを知りませんでした。

ミセルスウェイト屋敷へ行くために、汽車の駅へむかうとちゅう、メアリはできるだけメドロックさんからはなれて歩きました。車室のすみにすわってからも、メアリは、みっともない、ふきげんなようすをして、読むものも見るものもなく、ただ、小さな手をひざの上にかさねているだけでした。

メドロックさんは、メアリほどなにもしないでじっとしている子どもを見たことがないと思いながら、話しかけました。

「おじさまのことはごぞんじですか？」

「知らないわ。」

「お父さまとお母さまは、おじさまの話を一度もなさらなかったのですか？」

「ええ。」

メアリはこたえて、顔をしかめました。お父さまとお母さまは、ほとんどメアリに話を

したことなどなかったのを思い出したからでした。

「へええ。」メドロックさんはしばらくだまっていましたが、また口をきりました。「少しはお話ししたほうがいいでしょうね——前もって知っておくために。」

メアリはなにもこたえませんでした。メドロックさんは一息つくと、つづけました。

「とにかく、とても大きな、陰気なお屋敷で、クレイブンさまはそれを、クレイブンさまなりにほこりに思ってはいらっしゃるんです。六百年前に建てられたもので、ムーアの外れにあります。部屋の数は百近く、そのほとんどは、しめきって、鍵をかけてありますよ。建物のまわりは大きな敷地で、庭もたくさんありますけれど……、でも、ほかにはなにもありません。」

メアリは、聞かないつもりでいたのに、いつのまにか聞いていていました。なにもかもが、インドとはぜんぜんちがっているようでした。けれどもメアリは、自分がおもしろがっているように見せたくなかったので、ただじっとすわっていました。

「どうお思いです、おじょうさま?」

メドロックさんが聞くと、メアリはこたえました。

「なにも。わたしの知らないところのことですもの。」

メドロックさんは笑い、なにかを思い出したように、またはじめました。

「クレイブンさまの背中はまがっているんです。それで、ご気性までむずかしくなってしまって。若いころのクレイブンさまは、それは気むずかしくて、お金も大きな屋敷もなんの役にも立たなかったんですよ、結婚なさるまでは。」

メアリは、どうでもいいというふりをするのをわすれて、メドロックさんを見ました。メドロックさんはそれに気づき、もともとおしゃべりな人だったので、前より熱心に話しはじめました。

「おくさまはきれいなかたで、おくさまがめずらしい花をほしいとおっしゃれば、だんなさまは世界じゅうをさがしてお歩きになったでしょう。だれも、おくさまがだんなさまと結婚なさるとは思わなかったんですが、それでもおくさまは、なさいました。世間では、お金が目あてだともうしましたよ。でも、そうではありませんでした、けっして。」メドロックさんははっきりいいました。「おくさまがなくなったとき……、」

メアリは思わずとびあがって、そのつもりはなかったのに、さけびました。

「まあ、なくなったの！」

「そう、なくなったんです。そのせいで、だんなさまは前よりもっと変わり者になってしイトにおいでのときは西の館の一室にとじこもって、ピッチャーさんだけがお世話をするんです。ピッチャーさんはもう年ですけれど、お小さいときからお世話をしてきて、だんなさまのことならなんでも分かっているので。」

それは、聞いていて楽しくなる話ではありませんでした。しめきって鍵をかけた部屋が百もあるお屋敷――ムーアの外れにある――ムーアってなにかしら――なにもかも、おそろしい感じでした。背中がまがった人がとじこもっているというのも。メアリはきゅうに、クレイブンさまという人が気のどくになりました。

メアリはくちびるをかみしめて、まどから外を見ました。外は灰色の雨がふりはじめていました。

「だんなさまは、おじょうさまにも十中八、九お会いになりませんよ。それに、お屋敷には、おじょうさまの話し相手になる人もいません。おひとりで遊んで、おひとりですごしてください。どの部屋に入っていいか、どの部屋に入ってはいけないか、お話しします。庭は広いですよ。でも、家の中では、うろうろ歩いたりのぞきまわったりしないでください。クレイブンさまがおおこりになりますから。」

「わたし、のぞきまわるつもりなんかないわよ。」

メアリはつむじをまげていいました。そうして、きゅうにクレイブンさまを気のどくに思ったように、またきゅうに、クレイブンさまはとてもいやな人で、つらい目にあうのもあたりまえだ、と思いはじめました。

メアリは、雨が流れる列車のまどのほうをむき、外のいつまでもつづきそうな灰色のあらしを見つめました。あまり長いあいだじっと見つめていたので、灰色はだんだんこくなり、いつのまにか、メアリはねむっていました。

# 3 ムーアをこえて

　あたりがすっかり暗くなったころ、汽車はスウェイトの駅に着きました。プラットホームの前の道に、一台の箱馬車がとまっていて、下男がメアリを馬車に乗せてくれました。雨はあいかわらずはげしくふり、馬も馬車もびっしょりぬれて、しずくがたれていました。馬車が走りだすと、メアリはまどぎわのやわらかいクッションにもたれて、外をながめました。いよいよ、ムーアの外れにあるというお屋敷にむかうのです。

「ムーアって、なんなの？」

　メアリはとつぜん、メドロックさんに聞きました。

「あと十分もすれば見えてきますよ。」メドロックさんはこたえました。「お屋敷につくまでには、ミセルのムーアを五マイル（一マイルは約1.6キロメートル）も走らなきゃならないんですから。こんなに暗くちゃ、あまり見えないだろうけれど、それでもいくらかは見えるでしょうよ。」

## 3　ムーアをこえて

メアリはそれ以上なにも聞かず、暗い中にすわって、じっとまどの外を見ていました。

馬車の明かりで、道のわきのものがちらちら見えました。小さな村をぬけたときは、家いえの白いかべと、居酒屋の明かりが見えました。その先は広い野原で、生け垣や木があり、その景色は長いあいだ、少しも変わりませんでした。

それからやっとのことで、馬車は坂をのぼっているのか、すこしおそくなりました。生け垣も木もなくなり、どこを見てもまっ暗です。とつぜん、馬車が大きくゆれました。

「ほれ、荒れ地ですよ！　まちがいなし。」

メドロックさんがいいました。

馬車の明かりが、背の低い木の中につづく道を照らしだしていました。ひざのあたりまでしかないそのしげみは、道の左右だけでなく、馬車の前にも後ろにもはてしなくひろがって、暗やみの中にきえていました。

風がふきはじめ、低く荒あらしい、ざわざわという音が馬車をつつみました。

「これは――これは海じゃあないわね？」

メアリは聞きました。

「ちがいますよ。海でもないし、野原でも山でもない、ただの広い広い土地で、ヒースとエニシダとハリエニシダしか生えないし、野生の小馬とヒツジしか住めないんですよ。」

「水があったら、ここはまるで海みたいだわ。今、海みたいな音がしたもの。」

「ヒースにふく風の音ですよ。荒れはてた、ぞっとするところですよ、ここは。すきな人もたくさんいますけどね。とくにヒースが咲くころには。」

メドロックさんはいいました。

馬車はどこまでも進んでいきました。いつのまにか雨はやんで、風が強くなり、ひゅうひゅうと聞きなれない音をたてました。道は丘をのぼり、またおりて、何度か小さい橋をわたりました。その下を水がごうごうとはげしく流れていました。

この旅はいつまでもおわらないのではないか、このさびしい、ふきさらしの荒野はほんとうは黒い大海で、陸は、今とおっているこの道だけなのではないか――メアリはそんな気がしてきました。

馬車が丘をのぼっているとき、最初の明かりが見えました。メドロックさんもすぐそれを見つけて、やれやれと長いためいきをつきました。

「やっと門番小屋の明かりが見えた。もうすぐ、おいしいお茶にありつけますよ。」

その「もうすぐ」は、でも、なかなか来ませんでした。門を入ってからも、また並木道が二マイルもつづいていたからです。その並木道をようやくぬけると、そこは広場で、馬車はまもなく大きな建物の前にとまりました。その建物は、石だたみの中庭をぐるりとかこんでいるようでした。明かりはどのまどにも見えないようでしたが、メアリが馬車からおりてみると、二階の角のまどだけは、ぼんやりと明るくなっていました。

入り口のとびらは見あげるほど大きく、めずらしい彫刻のあるどっしりしたカシ材でできており、そのとびらがひらくと、中は、暗く広い玄関ホールでした。暗い中に立っているよろいやかべの絵がおそろしくて、メアリはそちらに目をやれませんでした。

とびらをあけたのは男の召使いで、その横に、やせた老人が立っていました。その人が、かすれた声でいいました。

「おじょうさまをお部屋におつれしなさい。ご主人さまはお会いにならない。あすの朝、ロンドンにお出かけになるのだから。」

「わかりました、ピッチャーさん。」

メドロックさんはいいました。

メアリは、メドロックさんにつれられて大階段をのぼり、長いろうかをぬけ、小さな階段を何段かのぼり、またろうかをぬけました。その先のろうかもぬけるとようやく、とびらがひらいている部屋の前に来ました。その部屋には火がたいてあり、テーブルに夕食のしたくができていました。

メドロックさんがいいました。

「さあ、着いた。ここと、このとなりが、あなたのお部屋ですよ。ほかの部屋へ入ってはいけません。わすれないでくださいよ！」

こうしてメアリは、ミセルスウェイト屋敷に到着しました。いつもつむじまがりのメアリさんでしたが、そのメアリも、このときほどつむじをまげたことはありませんでした。

# 4　マーサ

　つぎの朝、メアリが目をさますと、若い召使いが暖炉の前にひざをついて、灰をかき出していました。メアリは横になったまま、部屋を見まわしました。とても変わった、暗い感じの部屋でした。かべには一面に、森の景色をししゅうしたかべかけがかけてあるので、森の中にいるような気がしました。大きいまどの外には、変わった景色が見えていました。なにもない広い荒れ地が、ただどこまでも、どこまでもひろがっていて、まるでむらさき色の海のようでした。木も、一本も生えていません。

「あれはなに？」

　メアリが指さして聞くと、マーサというその下働きの少女は、ふりかえってまどの外をながめてから、いいました。

「あれはムーアですよ。おすきですか、おじょうさま？」

「きらいだわ、あんなところ。」

　メアリはこたえました。

「それは、まだなれとられんけんですよ。広すぎるし、木がないけん、はげ山みたいに見えるんでしょう。でもそのうち、すきになりますよ。」

　マーサはまた、暖炉にかがみこみながらいいました。

「おまえはムーアがすきなの？」

　メアリがきくと、マーサは元気よく炉格子（暖炉の下にある、まきをおくための鉄の格子）をみがきながら、こたえました。

「大すきですよ。はげ山なんかじゃありません。木や草もいっぱい生えていて、いいにおいがしますよ。春から夏までは、ヒースやエニシダが咲いて、そりゃあきれいだし、風はハチミツのにおいがしますけんね。わたしは、ムーアのほかはどこにも住みたくないですよ。」

　メアリはとまどったように、顔をしかめて聞いていました。インド人の召使いは、けっしてマーサのようなふるまいをしませんでした。ただいいつけを守るだけで、主人には手をあわせておじぎをするのです。メアリは、乳母が気にいらないことをすると、いつも、

顔をたたいてやりました。今、わたしが顔をたたいたらマーサはどうするかしら、とメアリは考えました。マーサはもしかすると、たたきかえすかもしれません。

「おまえは変な召使いね。」

メアリがまくらによりかかったまま、いばっていうと、マーサは笑いました。

「ええ、わかっています。このお屋敷にりっぱなおくさまのおらしたら、わたしなんか、二階に来られんとですよ。ただの村のむすめやし、ヨークシャなまりがひどいし。」

「おまえ、わたしの乳母になるの？」

「わたしはこのお屋敷の召使いで、この部屋の用事はわたしがすることになってますけん、おじょうさまのお世話も、わたしがすることになると思います。」

「わたしに服を着せてくれるのはだれ？」

メアリが聞くと、マーサはあまりおどろいたのか、ヨークシャなまりまるだしでいいました。

「自分で着いきれんと？」

「なんですって？　おまえのいうことがわからないわ。」

「ああ、そうだった、メドロックさんにいわれていたんでした。気をつけんと、わたしのいうことがおじょうさまにはわからんよ、ってね。おじょうさまはひとりでは服が着られないんですかって、聞いたんです。」

「そうじゃあないわ。」メアリはひどくはらをたてて、いいかえしました。「今まで、自分で着たことがないだけよ。いつも乳母が着せてくれたもの。」

するとマーサは、自分が失礼なことをいっているとはぜんぜん思っていないようすで、いいました。

「それじゃあ、着られるようになるほうがいいですよ。うちの母さんがいつもいうんです。なんで身分の高い家の子どもたちは、なんもかんも人にやらせて、ばかにならないですむんだろうか、ってね。」

「インドではちがうのよ。」

メアリは見くだしたようにいいました。こんなことは、がまんなりませんでした。

ところがマーサは、まるで平気でつづけました。

「ええ！　そうらしいですね。それはたぶん、インドには黒い人たちばっかしいっぱいおるからですよ。おじょうさまがインドからおいでんなると聞いたときには、わたしはてっきり、おじょうさまも黒人だと思ったんですよ。」

メアリはかんかんにおこって、ベッドの中で飛びあがりました。

「なんですって！　わたしがインド人？　この……、このブタおんな！」

マーサはむっとして、メアリを見かえしました。

「ブタおんなって、だれのことです？　おじょうさんがそげんことをいうもんではありません。それにわたしは、黒人のことをわるく思ったりしとらんです。教会の本を読んでごらんなさい、みんなとても信心深い人たちですよ。わたしは黒人を見たことがなかったし、すぐそばで見られることになるってよろこんどったんです。でもおじょうさまは、ちっとも黒くないじゃありませんか。」

マーサはがっかりしたようにいいました。メアリは、いかりとくやしさで、われをわすれてどなりました。

「わたしがインド人と思ったですって！　よくもそんなことを！　インド人のことなんかなにも知らないくせに！　インド人はね、わたしたちとはちがうんだから！　ただの召使いで、手をあわせておじぎしなきゃいけないんだから！」

メアリはそうやっておこりながら、ひどく悲しくなっていました。自分が知っているもの、自分のことを知っていてくれるものから、こんなに遠くはなれてしまって、どうしていいかわかりませんでした。メアリはまくらにつっぷして、わっと泣きだしました。

人のいいマーサは、メアリがあまりはげしく泣くので、少しこわくなり、メアリがかわいそうにもなりました。マーサはベッドのそばに行き、かがみこんで、いいました。

「ねえ、泣かんでくださいよ。おじょうさまがそげんおこるって、思わんかったとですもん。あやまるけん、もう泣かんでくださいよ。」

マーサのおかしなヨークシャなまりには、どこか気持ちのしずまる、ほんとうのやさしさがこもっており、それがメアリをおちつかせました。メアリがまもなく泣きやみ、静かになったので、マーサはほっとしたようでした。

「もうベッドを出る時間ですよ。」マーサはいいました。「お食事は、となりのお部屋に用意してあります。さあ、服を着るおてつだいをしますよ。」

マーサは小さい弟や妹たちに、なんども服を着せたことがありました。でもメアリのように、まるで自分の手や足がないみたいにただじっと立って、だれかが着せてくれるのを待っている子どもなど、見たことがありませんでした。

マーサはインドの召使いとちがって、気楽におしゃべりをしました。メアリはそのえんりょのなさにおどろき、はじめのうちは、聞いてやるものかと思っていましたが、いつのまにか、いっしょうけんめい聞いていました。

「そうです、わたしの兄弟は十二人もおるのに、父さんがもらうのは週にたった十六シリング（現在の日本円で二万円位）ですけん、母さんはみんなにおかゆぐらいしか食べさせられないんですよ。子どもたちはみんなでムーアに行って、夜まで遊ぶんです。母さんは、ムーアが子どもたちをふとらせてくれる、といってます。子どもたちも、野生の馬とおなじように草を食べてふとるって。弟のディコンは、いま十二ですけど、野生の小馬を見つけて、自分の馬だっていってますよ。」

「どこで見つけたの？」

「ムーアでですよ。まだあかんぼうやったころに、母馬といっしょのところを見つけたんです。それでなかよしになって、小馬はディコンがすきで、ついて歩くし、乗せてもくれますよ。ディコンはやさしい子やけん、動物がなつくんですね。」

メアリはまだ、自分だけの動物を飼ったことがなくて、いつかはほしいと思っていましたから、ディコンの話はおもしろいと思いました。自分では気づいていませんでしたが、メアリが自分以外のだれかに心をひかれたのは、これがはじめてでした。

それからメアリは、となりの部屋へ行ってみました。そこも、夜ねる部屋とあまりちがわない陰気な部屋でした。まんなかのテーブルに、おいしそうな朝食が用意してありました。けれどもメアリは、朝はいつも食べる気がしないので、マーサが目の前においた最初の一皿を、さもいやそうにながめました。

「食べたくないんですか！」

マーサが、とても信じられないというようにさけびました。

「そうよ。」

「ああ、もったいない。わたしの弟や妹がここにおったら、五分でみんななくなってしまいますね。みんないつも、おなかをすかしとるから。」

「おなかがすくって、どんなことなのか、わたしは知らないわ。」

メアリはなにも考えず、平気でそういいました。マーサは気をわるくしたらしく、ずけずけといいました。

「そうですか。それなら一度すかしてみることですね！　このごちそうを、ディコンやフィルやジェインやちびさんたちのエプロンの下に入れてやりたいですよ！」

「じゃあ、持っていってやったら？」

メアリはいいましたが、マーサはきっぱりこたえました。

「これはわたしのものではありません。それに今日はわたしの休みの日でもないし。休みは、みんなとおなじに、月に一日いただいてますけん。」

メアリは少しお茶を飲み、トーストとマーマレードを少し食べました。

「さあ、コートを着てあたたかくして、外で遊んでおいでなさいよ。そうすればおなかがすいて、肉も食べられますよ。」

マーサがいいました。メアリはまどのところに行ってみました。庭と小道と大きな木が見えました。でも、どこもかしこもうす暗く、寒ざむとしています。

「外に？　こんな日に外に出たくなんかないわ。」

「でも、おじょうさま、家の中で、なにをするんです？」

メアリはあたりを見まわしました。することなど、なにもありません。メドロックさんは、メアリの部屋を用意するとき、おもちゃのことは思いつかなかったようでした。

「だれがついてくるの？」

メアリが聞くと、マーサは目をみはりました。

「ひとりで行くんです。おじょうさまは、ひとりで遊ぶことをおぼえなければなりませんよ。ディコンはひとりでムーアに行って、何時間も遊んでいます。そうやって、馬と友だちになったんです。ディコンはムーアのヒツジとも友だちだし、小鳥もディコンの手にとまってえさを食べますよ。」

それを聞いたメアリは、自分も外へ出てみようかと思いました。小鳥や小馬やヒツジと友だちになれるなら、外もわるくないかも知れません。

マーサが、植えこみのあいだの門を指さしながらいいました。

「あの先をまがると、花園がいくつもあって、夏には花がいっぱい咲きますよ。」

マーサはちょっとためらい、それからつけくわえました。

「その中の一つには、門に鍵がかけてあって、中に入れません。もう十年も、だれも入ったことがないんです。」

「なぜ？」

メアリは、聞くつもりはなかったのに、聞いていました。この奇妙な屋敷には、鍵のかかった部屋が百もあるのに、そのうえにまた、鍵のかかった門があるというのです。

「おくさまがあんなにとつぜんおなくなりになったとき、クレイブンさまが、鍵をかけておしまいになったのです。だれも中に入れないように。あそこはおくさまの花園でした。クレイブンさまは、鍵をかけたあと、穴をほり、鍵をうめてしまわれました。ああ、メドロックさんのベルが鳴っている。いそいで行かなくちゃ。」

マーサが行ってしまったあと、メアリは庭へ出てみました。十年もだれも入ったことがない花園のことを、考えてみないではいられませんでした。どんな花園だったのでしょう。今でも花は咲いているのでしょうか。

植えこみの中の門をとおりぬけると、そこは広い庭でした。しばふがひろがり、小道がまがりくねってつづいています。大きな木があり、花壇があり、おもしろい形にかりこんだ木や、噴水のある大きな池もありました。けれど花壇に花はなく、噴水は止まっていました。ここは、鍵のかかった、入れない花園ではありません。それに、いったいどうやって、花園に鍵をかけるのでしょう？

メアリはイギリスのことをよく知らなかったので、そう思ったのです。でもちょうどそのとき、つたにおおわれたかべが見えてきました。庭の中にまた、かべにかこまれた小さな庭が作ってあるのです。そばへ行ってみると、つたの中に緑のとびらがあり、そのとびらはひらいていました。のぞいてみると、中は野菜やくだものを育てる畑でした。とすると、これはしめきりの花園ではありません。入っていけるのですから。

メアリは入ってみました。すると、おなじように四方をかべにかこまれた庭が、いくつもつづいているのが見えました。庭はおたがいにつながっており、そちらへつづく緑のとびらがあいていました。

　そのとききゅうに、そのとびらから、スコップをかついだ老人（ろうじん）が入ってきました。老人はメアリを見るとぎょっとして、それからしぶしぶぼうしに手をやりました。ぶあいそうな老人でしたが、メアリのほうもいつもの、つむじをまげたしかめっ面（つら）でしたから、おあいこというものでした。

「ここはなに？」

　メアリは聞きました。

「菜園（さいえん）の一つでさ。」

「そこは？」

　メアリは、とびらのむこうを指さしました。

「あそこも菜園です。このかべのむこうも菜園で、そのむこうが果樹園（かじゅえん）でさ。」

「そこに入れる？」

「入りたきゃ入れますがね、なにもありませんよ。」

　メアリはなにもいわず、二番目のとびらをくぐりました。するとまた一つ緑のとびらがあり、それはあいてはいませんでした。もしかするとこれが、この十年だれも見ていない花園へ入るとびらかもしれません。メアリはすぐそのとびらのところに行って、取っ手をまわしてみました。あかないほうがいいわ、と思いながら。もしあかなければ、ここがその花園だと、はっきりわかりますから。

ところがとびらはひらき、中に入ってみると、そこは果樹園でした。木には葉が一枚もなく、緑のとびらは――どこにもありませんでした。つきあたりのかべの上からは、木のこずえが見えています。メアリはしばらくその木を見あげていました。すると、こずえのてっぺんに、かがやくような赤い胸をした小鳥が一羽とまっているのが見えました。小鳥はきゅうに、冬の歌をうたいはじめました。まるで、メアリを見つけて、よびかけたようでした。

メアリはじっとその歌を聞きました。小鳥の元気で親しげな小さな口笛は、なんとなく、メアリを楽しい気分にしてくれました。つむじまがりのメアリさんも、この奇妙なお屋敷に来てからずっとひとりぼっちで、みじめな気持ちになっていました。胸の赤い小さな鳥のおかげで、そのメアリの小さなしかめっ面に、ほほえみといってもいいものがうかんだのです。メアリはその鳥がすきになり、また会えるだろうか、と思いました。

　メアリはこの小鳥に、ふしぎな花園のことをなにか知っているか、聞いてみたいような気もしました。なぜ、アーチボルド・クレイブン氏は、鍵をうめたのでしょう？　おくさまがそんなにすきだったのなら、なぜ、おくさまの花園がきらいなのでしょう？

　メアリは、クレイブンさまに会うことがあるかしら、と考えてみました。でも、もし会ったとしたら、メアリはきっとクレイブンさまをきらいになるでしょうし、クレイブンさまも、メアリをきらうでしょう。

「だれもわたしをすきではないし、わたしも、だれもすきじゃあないわ。」

と、メアリはひとりごとをいいました。

　メアリはまた歩きだしましたが、あの小鳥がとまっていた木のことを考えたとき、思わず足をとめました。

「あの木は、秘密の花園の木じゃあないのかしら。あそこはかべにかこまれているのに、とびらがないわ。」

　メアリが菜園にもどってみると、老人がそこで土をほっていました。メアリはしばらくのあいだ、老人のすることをながめていましたが、老人がいつまでもそっぽをむいているので、しかたなく声をかけました。

「果樹園まで行ったけれど、その先の庭に行く入り口がないのね。」

「どの庭だって？」

「あのかべのむこうの庭。木が生えているわ。こずえが見えたもの。胸の赤い小鳥がそこにとまって、鳴いたのよ。」

おどろいたことに老人はふきげんな顔をやめて、ゆっくりと笑いました。すると、すっかり人が変わって見えました。

老人は果樹園のほうにむけて、低く、やわらかい音で口笛をふきはじめました。こんなふきげんな老人がこんなやさしい音を出せるとは、信じられないほどでした。

つぎの瞬間、すばらしいことが起こりました。風をきって、小さな、やわらかい、ハタハタという音が聞こえ——飛んできたのは、あの、胸の赤い小鳥でした。小鳥は、老人のすぐ足もとの、大きな土くれの上にとまりました。

「ほら、来たよ。」

老人はくすくす笑いながらいい、小鳥にむかって、まるで子どもに話すように話しかけました。

「どこに行ってたんだ、このいたずらなパンくずねらいめが？」

小鳥は小さな頭をかしげ、黒い露の玉のようなやわらかく光る目で、老人を見あげました。よくなれていて、少しもこわがっていません。メアリは、なんだかとても変な気分になっていました。その小鳥がとてもきれいで、楽しそうで、まるで人間みたいだったからです。

「よべば、いつでも来るの？」

メアリは、ささやきました。

「ああ、来る。おれはこいつを、ひなのときから知っている。こいつはあの、むこうの庭にあった巣から飛びだしたんだ。はじめてかべを飛びこえたとき、こいつは弱すぎて、二、三日のあいだもどれなくなって、そのとき友だちになったのさ。もう一度かべをこえてもどってみたら、兄弟たちがみんないなくなっちまってた。さびしくなったこいつは、わしのところにもどってきた、というわけだ。」

「なんていう鳥？」

「コマドリだ。ムネアカコマドリ。鳥の中でいちばんよくなつく、いちばんの知りたがりやだ。犬とおなじぐらいよくなつくよ。……つきあいかたを知っていればな。ほら、ああしてときどきこっちをながめるだろう？　わしらがあいつのことを話していると知っているのさ。」

老人はその、赤いチョッキを着たふっくらと丸いちびさんが、かわいくてたまらないようでした。

「こいつはうぬぼれやさんで、」と、老人はくすくす笑いながらいいました。「自分の話をされるのがすきなんだ。それに、知りたがりやで、おせっかいだ。わしがなにを植えているか、いつも見にくる。クレイブンさまがけっしてごぞんじないようなことを、なんでも知っているよ。」

メアリはコマドリに一歩近づいて、じっと見つめました。

「わたし、ひとりぼっちでさびしいの。」

メアリはコマドリにいいました。年とった庭師は、しばらくメアリを見ていましたが、やがて聞きました。

「あんたが、インドから来たおじょうさんかい。」

メアリはうなずきました。

「それならたしかにさびしいだろう。それに、これからもっとさびしくなる。」

「あなた、名前は？」

メアリが聞くと、老人は仕事の手をとめて、こたえました。

「ベン・ウェザスタッフ。」

それから老人は、にやりと笑って、つけくわえました。

「わしもさびしい、こいつがいないときはな。こいつは、わしのただひとりの友だちさ。」

「わたしには、友だちはいないわ。いたことがないの。」

メアリはいいました。

きゅうに、小さな明るい、さざなみのような音が、メアリのすぐそばでしました。見ると、コマドリがメアリのそばの木の枝で、うたいはじめたのです。

ベン・ウェザスタッフが、声をたてて笑いました。

「こいつ、あんたと友だちになる決心をしたらしいな。もしこいつが、あんたをすきになったんじゃないとしたら、わしはばかだということになる。」

「わたしを？」

メアリはコマドリのとまっている木にそっと近より、人間にいうように聞きました。

「わたしと友だちになってくれる？」

それは、いつものメアリのような、ぶっきらぼうなかたい声でもなければ、インド式のいばったいいかたでもありませんでした。ベンがおどろいて、いいました。

「おや、あんたは今、ディコンがムーアの動物に話しかけるときのように話したよ。」

「ディコンを知っているの？」

メアリはふりかえって、聞きました。

「ディコンを知らない者はいないさ。ムーアの黒スグリやヒースの花でさえ、あの子を知っているよ。ディコンになら、キツネも自分の子を見せるだろうね。」

メアリはまた、ディコンのことを聞こうとしました。ところがそのとき、うたいおわったコマドリが、さっと羽をひろげて飛(と)んでいってしまいました。あいさつはすんだし、いろいろ用事もあるので、というように。メアリは見送って、いいました。

「かべのむこうへ、とびらのない庭へ飛んでいったわ！」

「あいつはあそこに住んでいるんだ。よめさん探(さが)しをするときは、あそこの古いバラの木に住んでいるコマドリのむすめをえらぶだろうさ。」

「バラの木……、バラの木があるの？」

メアリが聞くと、ベン・ウェザスタッフはつぶやくようにいいました。

「十年前はあった。」

「その木を見たいわ。あそこへ行くとびらはどこ？」

ベンはきゅうにまた、最初に見たときと変わらない、ふきげんなようすにもどって、いいました。

「十年前はあった。もう、ない。」

そうしてベンはきゅうにスコップをかつぎ、歩いていってしまいました。さよならともいわないで。

## 5 ろうかの泣き声

それからは来る日も来る日も、メアリにとってはおなじことのくりかえしでした。毎朝かべかけのある部屋で目をさまし、マーサが運ぶ食事をいやいや食べおえると、もうなにもすることがありません。しかたがないから外に出ます。外は寒いので、メアリはたいてい、小走りにかけだしました。

ムーアからふきつける風にさからって走ると、新鮮な冷たい空気が体を強くしてくれることを、メアリはまだ知りませんでした。けれど、朝から夕方まで外ですごす日が四、五日つづいたあと、ある朝メアリはおなかをすかせて目をさまし、朝食のお皿をからにしてしまいました。

「ムーアの新鮮な空気が、おいしく食べさせてくれるんです。毎日外へ出て、遊んで、体に肉がつけば、おじょうさまの顔もそんなに黄色でなくなりますよ。」

マーサがいいました。

「わたしは遊ばないわ。遊ぶものがないから。」

メアリがいうと、マーサはおどろいてさけびました。

「遊ぶものがない！　うちのちびさんたちは、木の枝や石で遊ぶんですよ。それから、走ったり、ながめたり。」

メアリもよく、いろいろなものをながめます。ほかにすることがないのですから。ベン・ウェザスタッフを探してみたこともありましたが、ベンはどういうわけか、いつもひどくふきげんで、一度など、メアリが近づくのを見たとたん、スコップをかついでどこかへ行ってしまいました。

メアリがよく行くのは、かべにかこまれた庭の外につづく長い道でした。両側に花壇があり、びっしりとしげったつたが、かべをおおっています。

ある日メアリがそこに立って、かべをながめていると、きゅうにチチチと、元気な声がしました。見ると、かべの上にベン・ウェザスタッフのコマドリがとまって、身をのりだし、小首をかしげています。

「あら、あなたなの……、あなたなのね？」

メアリは思わず、人間にいうように話しかけました。するとコマドリが、返事をしました。チイチイチュクチュクいいながら、かべの上を飛びまわるようすは、まるで、おしゃべりをしているようでした——こんな感じで。

「おはよう！　いい風だね、お日さまが気持ちいいね。なにもかも、すてきだね！　きみもいっしょに、ぴょんぴょん飛んで、うたったら？　ほら、こんなふうに！」

メアリは笑いだしました。そしてコマドリがかべの上を、飛んだりはねたりして進んで行くあとを追って、走りだしました。

「あなたがすきよ、だいすきよ！」

メアリは走りながらいいました。そうしてチイチイと鳴いたり、口笛をふいてみたりしました。ふきかたなど、ぜんぜん知らなかったのですが。けれどもコマドリは気に入ったらしく、おかえしに、木のてっぺんにとまって、大きな声でうたいはじめました。

そのときメアリはおかしなことに気づきました。コマドリがとまっている木は、メアリがはじめてコマドリに会ったときこの鳥がとまっていた、あの木にちがいありません。あのときメアリは果樹園にいました。今メアリは果樹園の外の道に立っています——果樹園はもう、とっくにとおりすぎたあたりに。そうして、かべのむこうに、あのときの木が、見えているのです。

「あの木は、だれも入れない花園に生えているんだわ。ここが、とびらのない花園なのね。コマドリはそこに住んでいる。どんなようすか、中が見たいわ！」

　メアリは小道を走っていき、果樹園(かじゅえん)の中にまわってみました。かべのむこうに木があり、コマドリはちょうどうたいおわって、くちばしで羽をととのえているところでした。

「やはりここよ。たしかだわ。」

　メアリはそういいながら歩きまわって、かべをよく調べてみました。思ったとおり、はじからはじまで調べても、とびらはありませんでした。

「とってもおかしいわ。ほんとうにとびらはないのかしら。でも、十年前にはあったはずよ。クレイブンさまが鍵(かぎ)をうめたっていうんだから。」

　考えれば考えるほど、ふしぎななぞでした。

　ある日メアリは食事をすませ、暖炉(だんろ)の前の敷物(しきもの)にすわってから、マーサに聞きました。

「どうしてクレイブンさまは庭がおきらいなの？」

　風がでたらしく、ムーアのほうでごうごうとものすごい音がしています。けれどまっ赤な火の燃(も)える部屋の中は、とてもあたたかく、安全でした。マーサは自分も暖炉の前にすわりこんで、いいました。

「まだあの庭のことを考えとるんですか？　でも、メドロックさんから、この話はするなっていわれとるんです。クレイブンさまがおきらいになるので。」

「なぜなの？」

　メアリはまた聞きました。もしマーサがわけを知っているなら、どうしても聞きだすつもりでした。マーサは降参して、話しはじめました。

「おじょうさまには、かないませんね。あのお庭はおくさまが、結婚なさったばかりのころおつくりになったもので、おくさまはそれはそれはおすきだったんです。いつもお二人で花の世話をしておいでで、庭師はだれも入れませんでした。

　クレイブンさまとおくさまはいつもあそこへいらして、とびらをしめ、何時間も何時間も、本を読んだり話をしたりしておいででしたよ。あそこには古い木が一本あって、低くたれた枝にこしかけることができました。おくさまはその木にバラのつるをからませ、バラの花にかこまれて、その枝にすわるのがおすきでした。けれどもある日その枝が折れて、おくさまは地面に落ち、大けがをなさって、つぎの日おなくなりになったんです。だからクレイブンさまは、あの庭がおきらいなんです。」

マーサはそう説明(せつめい)しました。メアリは聞きおわってもなにもいわず、ただ、赤い火を見つめていました。風の音がしていました。風は、だんだんひどくなっていくようでした。このときメアリは、生まれてはじめて、だれかに同情(どうじょう)することを知ったのでした。

メアリはしばらく、風の音を聞いていました。ところが気がついてみると、なにかほかの物音が聞こえます。はじめのうちは風の音かと思ったほどの、かすかな音でした。まるで、どこかで小さい子どもが泣(な)いているような。家の外ではなく、中から聞こえます。メアリはふりかえって、マーサを見つめました。

「だれかが泣いているわ、ほら。」

マーサはひどくこまったように、あわてていいました。

「いいえ、風の音ですよ。ときどき、だれかがムーアで迷(まよ)って泣いとるのかと思うことがありますけど、いつでも風なんですよ。風はほんとうに、いろんな音をたてますけん。」

「でも、聞いてごらん。家の中よ。ずいぶん遠くだけれど。」

メアリはいいました。

ちょうどそのとき、一階のどこかでとびらがあいたらしく、強い風がろうかをふきぬけて、二人のいる部屋のとびらがバタン、とはげしくひらきました。泣き声が風にのって、ずっと近くに聞こえました。

「ほら！」とメアリはいいました。「わたしがいったとおりよ。だれかが泣いている。それも、大人じゃあないわ。」

マーサはかけよってとびらをしめ、鍵をかけました。でもその前に、ろうかのむこうのとびらがバタンとしめられる音を、二人とも聞きました。それから、あたりは静かになりました。

「風の音ですよ。」

マーサはがんこにいいはりました。でも、そのようすはどことなくおちつきがなく、ぎくしゃくしています。メアリはマーサを見つめました。マーサがほんとうのことをいっているとは思えませんでした。

# 6 「だれかが泣いているわ――だれかが」

つぎの日はまた雨がはげしくふり、ムーアは灰色の霧と雲にかくれて、ほとんど見えないほどでした。これでは、外には出られません。

「こんな雨の日は、マーサの家ではなにをするの？」

メアリはマーサに聞きました。

「まず、ほかの人にふまれないように気をつけるんです。ええ、わたしたちは大勢でしたけんね！　ディコンは、ぬれても平気でムーアへ行きますよ。雨の日には、晴れた日には見えないものが見えるそうです。巣穴で一ぴきだけおぼれかかっていたキツネの子を見つけて、シャツの中に入れて家に持ってきたこともありましたよ。そのキツネ、今うちにいますよ。こごえかけたカラスの子を見つけたときも、ディコンは家に持ってきて、飼いならしました。このカラスは、ディコンの行くところにはどこへでもついていくんです。」

　メアリは今では、マーサの話を聞くのがすきになっていました。中でもすきだったのは、母さんとディコンの話でした。

「カラスかキツネの子がここにもいれば、いっしょに遊べるのに。ここにはなんにもいないんですもの。」

　メアリがいうと、マーサはこまったような顔をしました。

「おじょうさまは、本は読めますか？」

「読めるわよ。でも、本を持っていないわ。インドにおいてきちゃったの。」

「それなら、図書室にいらしたらどうです？　あそこには、本が何千さつもありますよ。」

　メアリは図書室がどこにあるか聞きませんでした。とつぜん、思いついたのです——自分で見つけよう、と。

　この奇妙（きみょう）なお屋敷（やしき）では、食事の時間をべつにすれば、一日じゅうだれにも会わないでいることもできました。一日か二日に一度、メドロックさんがメアリのようすを見にきましたが、ほかにはメアリがなにをしていたのか聞く人もないし、どうしろといわれることもありませんでした。これがイギリス風のやりかたなのだろうと、メアリは考えていました。インドでは、乳母（うば）がいつもあとをついてきて、うるさいほどでしたが。

マーサが行ってしまったあと、メアリはろうかに出て、冒険をはじめました。図書室の本が見たかったわけではありません。けれど、どこかに図書室があると聞いたとたん、メアリは何百というとざされたとびらのことを思い出したのです。そのおくには、なにがあるのでしょう? のぞいてみるのは、外に出られない日のたいくつしのぎになりそうでした。

長いろうかには、横にのびたべつのろうかがつながっていました。短い階段があり、それをのぼるとまたろうかでした。とびらがずらりとならんで、どこまでもつづき、かべには絵がかかっています。たいていは、ビロードや絹のどっしりした服を着た男の人や女の人の絵でした。

メアリはやがて、かべじゅうにそういう絵がたくさんかかっている大きな部屋に来ました。ゆっくりと絵を見ていくと、絵の中の人も、メアリを見かえすようでした。この人たちはなんという名前で、どこへ行ってしまったんだろう、なぜこんな変な服を着ているんだろう、とメアリは考えました。

三階まで来たとき、メアリは、とびらをあけてみようと思いつきました。ほんとうに鍵がかかっているでしょうか。メアリは取っ手に手をかけて、まわしてみました。取っ手がまわり、とびらがゆっくりと、でもかんたんにひらいたとき、メアリはかえってびっくりしてしまいました。中は、とても大きい寝室でした。ししゅうをしたカーテンがひかれ、インドの家にあったような、象眼細工（木や金属に、金や銀をこまかくきざみこんでもようを作ること）の家具が、あちこちにおいてありました。

そのあと、メアリはどんどんとびらをあけていきました。あまりたくさん部屋を見たので、あきてきたほどでした。

ある部屋は、女の人の居間だったらしく、カーテンはししゅうをしたビロードで、かざり棚には象牙の小さな象が、百頭ぐらいならべてありました。大きい象もいるし、あまり小さくて赤ちゃん象に見えるのも、かごや象つかいを背中に乗せているのもいました。メアリはかざり棚のとびらをあけ、しばらくこの象たちで遊んでから、またきちんとならべ、とびらをしめました。

その部屋に来るまで、メアリは一度も生きものに会いませんでした。でもここには、なにかいました。かざり棚のとびらをしめたちょうどそのとき、カサカサという小さな音が聞こえたのです。メアリは飛びあがり、音がした暖炉のそばのいすのまわりを調べました。いすのすみにクッションがあり、そのビロードのカバーの穴から小さな頭がのぞいて、小さな目がこわそうにこちらを見ていました。

そっと近づいてみると、よく光る目の持ち主は小さな灰色のハツカネズミで、クッションの中に気持ちのいい巣を作っていました。六ぴきの赤ちゃんネズミが、お母さんネズミのそばにかたまってねむっています。ネズミたちがこわがらなかったら、わたしの部屋につれていきたいのに、とメアリは思いました。

ずいぶん歩きまわってつかれたメアリは、帰ることにしました。ところが、帰り道がなかなか分かりません。もうメアリの部屋の近くまで帰ってきたはずなのですが。

「どっちへ行けばいいのかしら。それに、なんて静かなんでしょう!」

メアリがそういったとたん、また、泣き声が聞こえたのです。きのうの夜とちがって、とても短かったし、かべのむこうから聞こえたので、くぐもっていましたが、気むずかしそうな、子どもっぽい泣き声でした。

メアリは胸がどきどきしてきました。それで、なんの気なしにかべかけにさわったのですが、そのとたん、びっくりしてとびのきました。かべかけのかげに、とびらがあったのです。そのとびらは今、大きくひらかれ、そのむこうにまたろうかがつづいているのが見えました。そのろうかをメドロックさんが、鍵のたばをさげ、おこった顔で、こちらに歩

いてきます。

「ここでなにをしているのです？　わたしがいったことをおわすれですか？」

メドロックさんは、メアリの腕をつかんでひっぱりながら、いいました。

「まちがった角をまがったの。そうしたら、だれかが泣いていて。」

メアリはそういいながら、メドロックさんはいやな人だと思いました。でも、つぎの瞬間、もっときらいになりました。

「そんなものを聞いたはずがありませんよ。自分の部屋にお帰りなさい。でないと、ぶちますよ。」

メドロックさんはそういうなり、メアリを半分ひっぱり、半分ひきずるようにして、歩きだしました。そうしてろうかをまがり、もう一度まがって、メアリの部屋まで来ると、メアリを中におしこみました。

「さあ、いなさいといわれたところに、じっとしていてください。でないと、鍵をかけてとじこめてしまいますよ。」

メドロックさんはいいました。メアリは暖炉の前に行き、敷物にすわりました。いかりで、顔が青くなっていました。

たしかに、だれかが泣いていたのです。

二度聞いたわ。いつかきっと、見つけだしてみせる——メアリはそう決心しました。

# 7 庭の鍵

それから二日後の朝、メアリは目をさましたとたん、思わずマーサによびかけました。

「ムーアを見て！　ほら、あんなに！」

あらしはすぎて、夜のうちに風が灰色の霧と雲をふきはらっていました。その風も今はやみ、かがやくような、深い青い空が、ムーアの上に高くひろがっていました。こんなに青い空があるなんて、メアリは想像もしていませんでした。深い、すずしい青で、空全体がきれいな湖の水のようにきらきら光っています。

「あらしがおさまったんです。」マーサが、暖炉の灰をかき出しながら笑顔でこたえました。「この季節にはこんな日があるんですよ。あらしは夜のうちに逃げていって、ここに来たこともなければ、また来るつもりもないというふりをするんです。春が近づいているせいですね。まだまだ遠くにいるけれど、近づいてはいるんです。」

「イギリスって、いつも暗くて雨がふっているのだと思っていたわ。」

「とんでもない、そんなことないですよ！　ヨークシャは、世界でいちばん日あたりのいいところなんです。日があたるときにはね。おじょうさまも、きっとムーアがすきになります。まあ待っていらっしゃい。そのうち金色のエニシダの花や、むらさきの鈴みたいなヒースの花が、あたり一面に咲いて、何千ものチョウが飛んで、ミツバチがブンブンいって、ヒバリは空へ空へと上がっていって鳴くんです。そうしたら、朝日といっしょにムーアに出て、一日遊んでいられますよ、ディコンみたいに。」

「あそこまで行けるかしら？」

メアリは遠く青く、はるかにつづいているムーアのあたりをながめながら、聞きました。ムーアは、今生まれたばかりのように新しく、大きく、美しく、この世のものとは思えない色をしていました。

「さあ、わかりませんね。おじょうさまは、生まれてから一度も、ご自分の足を使ったことがないらしいし。」

「ムーアの中の、おまえの家に行ってみたいわ。」

メアリはいいました。

「それだったら、母さんに聞いてみます。母さんは、どんなことでもなんとかする方法を見つけてくれますけん。」

「わたし、マーサの母さんがすき。会ったことがないのに。」

メアリがいいました。マーサは体を起こし、とまどったように手の甲で鼻の先をこすりましたが、すぐに、きっぱりとこたえました。

「母さんはしっかりものを考えるし、働き者だし、気がいいし、さっぱりしとりますけん、会ったことのある人もない人も、みんなすきになるんですよ。母さんのところに帰るときは、うれしくて、ムーアをとびはねていくんです。」

「わたしはディコンもすき。ディコンにも会ったことがないわ。」

「でも、前にもいいましたけど、」と、マーサはがんこにいいました。「小鳥でもウサギでもヒツジでも小馬でも、キツネさえも、ディコンがすきです。そう……、」マーサは考えこむように、メアリを見つめながら、いいました。「ディコンは、おじょうさまのことをどう思うだろう?」

「きらうと思うわ。」メアリはいつものそっけないがんこないいかたでいいました。「だれでもわたしをきらうもの。」

マーサはまた、考えながらメアリを見つめました。

「ご自分はどうなんです？　自分がきらいですか？」

メアリはすこしためらって、考えてみました。

「そうねえ、ほんとうは、少しもきらいじゃないわ。そんなこと、考えてみたことがなかったけれど。」

マーサはにこりとしました。家でのできごとでも思い出したようでした。

「母さんがこういうたことがあります。そのときわたしは、だれかの悪口をいうてました。母さんはふりむいてわたしを見て、いうたんです。『ほんとにおまえも口やかましいね。そげんに、あの人がきらいだ、この人がきらいだってさ。それで、自分のことはすきなのかい？』って。わたし、笑ってしまって、すぐいつものわたしにもどれました。」

その日はマーサのお休みの日で、マーサはメアリが食事をすませるとすぐに、うれしそうに帰っていきました。のこされたメアリは、それまでにないほど、ひとりぼっちになった気がしました。そこで、できるだけ早く庭に出ました。

日の光が、あたりの景色をすっかり変えていました。高く、深く、青い空が、ムーアの上にひろがっており、メアリは何度も空を見あげて、そのたびに、あそこにうかんでいる小さな白い雲の上にねころんだら、どんな気持ちがするだろう、と考えました。それから菜園に入っていきました。ベン・ウェザスタッフが働いていました。いいお天気がベンのきげんもなおしてくれたらしく、ベンのほうからメアリに話しかけてきました。

「春が来たよ。においがするだろ。」

　メアリは空気のにおいをかいでみて、なにかにおっている、と思いました。

「なにか新鮮で、しめった、いいにおいがするわ。」

「それが豊かな、いい土のにおいだ。」ベンは土をほりながらいいました。「種をまく用意をするのは、気持ちのいいもんだ。畑も、種や苗を植えてもらえるんで、よろこんでいるよ。冬のあいだは、することがなくてたいくつだ。今はもう、土の下の暗いところでなにかが動いているのさ。お日さんがあったためるからな。もうしばらくすると、黒い土の上に小さな緑のとがった芽がつき出てくるよ。」

「なんの芽？」

「クロッカスとマツユキソウとラッパズイセンだ。見たことがないのかね？」

「ないわ。インドでは、雨のあとは暑くて、しめってて、なにもかも緑だわ。それに、草も木も一晩で育つみたいよ。」

「クロッカスやマツユキソウやラッパズイセンは一晩(ばん)では育たない。待たねばな。緑の芽(め)は、こっちでちょっぴりのび、あっちでちょっぴりがんばって、つぎの日には葉を少しひろげ、そのつぎの日にはまた少しひろげるんだ。見ててごらん。」

「そうするわ。」

メアリはこたえました。

そのとき、風をきるやわらかい羽音(はおと)がして、メアリはすぐに、あのコマドリが来たのだと気づきました。コマドリはメアリの足のすぐそばをぴょんぴょん飛(と)びまわり、首をかしげてメアリを見あげます。まるでなつかしがっているようなので、メアリはベンに聞きました。

「この鳥、わたしをおぼえているのかしら？」

「おぼえている、だと？」ベンはふんがいしていいました。「こいつは畑のキャベツの切りかぶを全部おぼえているんだ。人をわすれるものか。小さい女の子は前にいたことがなかったから、あんたのことは、とくべつによくよく見ていたよ。」

「この鳥の住んでいる庭でも、土の下の暗いところでなにかが動いている？」

メアリは聞いてみました。

「どの庭だって？」

ベンは顔をしかめました。

「古いバラの木のある庭よ。」

メアリは聞きました。聞かないではいられませんでした。

「花はみんな枯れちゃったの？　それとも、今でも夏になれば少しは咲くの？　バラものこっている？」

「あいつに聞いてみな。」

ベンは、肩でコマドリをさしながらいいました。

「知っているのはあいつだけだ。もう十年も、だれも入ったことがないんだからな。」

十年は長いわ、とメアリは思いました。メアリが生まれてから、ちょうど十年たっています。メアリは考えこみながら、ゆっくり歩きだしました。メアリはその庭のこともすきになっていました。前には、人もものも、すきになったことがなかったのに。

メアリは菜園の外の、つたにおおわれたかべぞいの道に出ていきました。あの庭の木のこずえが、そこから見えるのです。

そのとき、すばらしいことが起こりました。

はじめ、チイチイ、チュチュ、という声が聞こえました。見ると花壇の横にコマドリがいて、さかんにあたりを飛びまわり、土をつついては、べつにあとを追ってきたわけではないよ、というふりをしています。

「わたしをおぼえていたのね！　そうなのね！　おまえは世界のどんなものよりきれいなコマドリよ！」

　メアリはそうさけんで、あまりうれしかったので、自分もチイチイいったり、おいでおいでをしてみたりしました。コマドリも負けずに、はね歩き、尾をふり、チイチイ鳴きました。つやつやと赤い胸をせいいっぱいふくらませ、自分がどれほどりっぱで、きれいかを、メアリに見せてくれました。

　メアリはもう夢中になってしまって、とうとうコマドリのそばにかがみこみました。自分がむかし、つむじまがりのメアリさんだったことなど、すっかりわすれていました。

　なんてすばらしいんでしょう！　コマドリは、メアリがこんなに近づくのをゆるしてくれたのです！　メアリが手をのばして自分をつかもうとしたり、ほんのちょっとでもおどろかしたりしないことを、コマドリはちゃんと知っているのでした。

　そのうちコマドリは花壇のおくに飛んでいき、そこの低い木の下でちょんちょんはねていましたが、見ると、その足もとの土が、ほりかえしたばかりのように黒く、小さくもりあがっています。コマドリは虫でも探すように立ちどまりました。それは犬がモグラをつかまえようとしてほったところで、ずいぶん深くほりかえしてありました。

メアリは、なぜそんなところがほってあるのだろうと思いながら、穴をながめていましたが、そのうち、ほりかえされた土の中に、なにかがうまっているのに気づきました。さびた鉄の輪のようなものです。コマドリがそばの木に飛びうつったあとで、メアリはその輪をひろいあげました。輪だけではありませんでした。鍵が一つついていました。ずいぶん長いあいだ、うまっていたように見えました。

メアリは、自分の指の先にぶらさがっているものをこわごわ見つめ、それから、ささやきました。

「これはきっと、十年間うまっていたんだわ。これがあの庭の鍵かもしれないわ！」

# 8 コマドリにみちびかれて

メアリは長いあいだ、鍵を見つめていました。もしこれがほんとうにあの庭の鍵なら、とびらを見つけさえすれば、この鍵であけられます。そうしたら、その庭に入って、古いバラの木がどうなったか、見てこられるのです。

長いあいだしめきってあったということが、見たいという気持ちをかきたてました。十年のあいだに、なにかふしぎなことが起こっているにちがいありません。それだけでなく、これからは毎日そこへ行って鍵をしめ、ひとりだけで秘密の花園にいることができます。メアリがどこにいるか、だれにも分からないでしょう。みんなはまだ、とびらはしまったままで、鍵は土の中だと思っているのですから。そう考えると、メアリはうれしくなりました。

メアリは鍵をポケットに入れ、また歩きだしました。このあたりはいつも人の来ないところだったので、メアリはだれにも見られずに、かべを調べることができました。といっても、見えるのは、かべをおおうつただけでしたが。

つたはじっさい、じゃまでした。つやつやした、こい緑の葉がびっしり重なりあって、ほかのものはなにも見えないのです。メアリはあきらめて部屋にもどりながら、ポケットに鍵をしまい、これからはいつも持っていよう、と決心しました。かくされたとびらが見つかったとき、いつでも使えるように。

つぎの朝、マーサはいつもよりもっと赤いほおをして、もっと上きげんでした。

「今朝は四時に起きたんです。ああ、ムーアはきれいでしたよ。小鳥が起きだすし、ウサギははねていくし、お日さまはあがってくるし。」

マーサはきのう、母さんと二人でせんたくをすませ、パンを焼いたのだそうです。

「みんながムーアから帰ってきたとき、パンはまだほかほかで、持てんほど熱かったんですよ！」

夜にはみんなが火のそばにすわり、マーサは母さんといっしょにつくろいものをしながら、インドから来た小さな女の子の話をしました。

「ええ、みんな、おじょうさまのことを聞きたがりましたよ。『黒い人』のことや、おじょうさまが乗ってきた船のことも。いくら話してもあきないんです。」

「わたしのことを、ディコンもよろこんで聞いていた？」

「もちろんですよ。ディコンの目ときたら、あんまり丸くなったので、顔からとび出してきそうでしたよ。母さんは、おじょうさまがひとりぼっちでほっておかれていると聞いて、おこっていました。こういいましたよ。『ねえマーサ、おまえ、できるだけのことをして、おじょうさまを元気づけてあげなきゃいけんよ』って。だからわたし、そうするよっていうたんです。」

メアリはマーサを長いあいだ、じっと見つめました。

「おまえは元気づけてくれているわ。わたし、おまえの話を聞くのがすきよ。」

マーサは、エプロンの下になにかをかくしていました。

「なんだと思います？　おじょうさまに、おみやげを持ってきたんですよ！」

「おみやげ！」

メアリはおどろいていいました。小さな家におなかのすいた人が十四人も住んでいるというのに、その人たちがおみやげをくれるというのです。

「馬車で来る行商人が、このあいだうちによったんです。馬車にはなべやつぼや、いろんなものがのせてあったけれど、母さんはお金がないけん、買えませんでした。でも、行商人が行こうとしたとき、リザベス・エレンが、『母さん、なわとびのひもがあるよ』っていうたんです。すると母さんはきゅうに、そのなわとびのねだんを聞きました。行商人が二ペンス（現在の日本円で二百円位）だというと、母さんはポケットをさぐりながら、いいました。『マーサ、おまえが持ってきてくれるお給料は、使いみちが四つきめてあるけど、今度だけはとくべつに、そのおじょうさんになわとびを買ってあげるけんね』。そうして、母さんはなわとびのひもを買いました。はい、これです。」

マーサはエプロンの下から、とくいそうに出して見せました。持つところが赤と青のしまもようになっている、細い、しっかりしたつなです。メアリはそのひもを見つめながら、聞きました。

「それ、どうするの？」

「どうする！」マーサはさけびました。「知らんのですか。インドには、なわとびがないんですか？　象やトラやラクダがおるっていうのに？　こうするんです、見ててください。」

マーサは両手でなわをもち、ぴょん、ぴょん、とびはじめました。メアリだけでなく、かべの古い絵の中の人たちも、マーサを見つめているようでした。こんな村むすめが、わたしたちの部屋でなんという不作法なことを、とでも思っていたのでしょう。けれどもマーサは絵など見ず、そのまま百かぞえるまでとびつづけました。

「まだつづけられますよ。十二のときには、五百つづけてとびましたけん。」

マーサはいいました。メアリはなんだかわくわくしてきて、立ちあがりました。

「おもしろそうだわ。マーサの母さんは親切ね。わたしにもできると思う？」

マーサはなわとびをメアリにわたしながら、いいました。

「やってごらんなさい。すぐに百回はとべんけど、練習すればできますよ。そう、母さんがいうてました。『なわとびほどいいものはないよ。子どものおもちゃの中で、いちばんいいものさ。おじょうさまも、きれいな空気の中でなわとびをすれば、手も足も長く、強くなるよ』って。」

そこでメアリはとんでみました。じょうずにはとべません。でも、あまりおもしろいので、やめる気になりませんでした。

「さあ、あたたかいものを着て、外にお出なさい。」

と、マーサはいいました。

メアリは、コートを着てぼうしをかぶり、腕になわとびのひもをかけました。それからとびらをあけようとして、ゆっくりとふりかえりました。

「マーサ、二ペンスはおまえのお給料だったのね、ありがとう。」

メアリのいいかたはぎくしゃくしていました。メアリはお礼をいうことになれていなかったし、だれかが自分のためになにかしてくれたと、気づいたこともなかったのです。

「ありがとう。」

メアリはもう一度いって、手をさし出しました。そのほかに、どうやっていいかわからなかったからです。マーサはその手を、ぶきようににぎりかえしました。こちらもこんなことにはなれていなかったのです。そしてマーサは笑いました。

「ああ、おじょうさまは、むかしの女の人みたいですね。うちのリザベス・エレンなら、たぶんキスしてくれましたよ。」

メアリはますますぎこちなくなりました。

「おまえ、わたしにキスしてほしいの？」

マーサはまた笑いました。

「いいえ、わたしがしてほしいんじゃなくて、ふつうの女の子だったら、手を出すかかわりにキスするだろう、っていったんです。でもおじょうさまは、ふつうの女の子じゃないからね。さあ外へ行って、なわとびをしておいでなさい。」

メアリは少しとまどいながら、部屋を出ました。ヨークシャの人はどこか変わっていて、マーサのいうことはいつも、よくわからないところがありました。

なわとびは、とてもおもしろいものでした。メアリは、とんではかぞえ、とんではかぞえ、生まれてからこれほどおもしろいことはしたことがない、と思いました。

日はあたたかく、ときおり、くすくす笑っているようなやわらかい風がふいて、たがやされたばかりの土のにおいを運んできました。

メアリはなわとびをしながら菜園に入っていきました。ベン・ウェザスタッフがいて、穴をほりながら、足もとを飛びまわるコマドリと話をしていました。メアリがなわとびをしながら近づくと、ベンは顔を上げ、おや、というようにメアリを見ました。

「ほうほう！」とベンはさけびました。「じゃあやっぱり、おじょうさんも子どもだったんだね。そんなことができるんだから。」

「やったことがなかったの。今日はじめてなのよ。二十までしかつづかないわ。」

「やってりゃあうまくなる。異教徒の中で育ったにしちゃ、今でももううまいもんだ。見てごらん、こいつもおどろいているよ。」ベンは頭をかしげてコマドリをさしました。「きのう、こいつはおじょうさんを追いかけていった。今日もきっとそうするよ。なわとびがどんなものか、知らずにいられないからな。」

メアリはなわとびでとびながら、庭を全部まわり、果樹園のまわりをまわり、最後にいつもの道へ出ていきました。

するとどうでしょう、目の前のつたの先に、コマドリがとまってゆれていたのです。ほんとうに、メアリを追ってきたのでした。コマドリはチーヨと鳴いて、あいさつしました。

メアリは笑いながら、いいました。

「おまえ、きのう、鍵をおしえてくれたわね。だから今日は、とびらがどこにあるかおしえてくれなくちゃ。でも、知らないわよね。」

コマドリはかべの上に飛びあがり、口を大きくあけて、にぎやかにうたいだしました。声をじまんしているのです。とくいになっているコマドリほどかわいらしいものは、世の中にありません。それに、コマドリたちはほとんどいつも、とくいになっています。

メアリ・レノックスはインド人の乳母から、魔法の話をたくさん聞いていました。そのとき起こったことをあとで思いかえすたびに、あれは魔法だったのだと、メアリは思いました。

強い風が、きゅうに、道のむこうからさっとふきつけてきたのです。木の枝がゆれ、つたの葉がふきあげられました。メアリはコマドリのそばに立っていました。風がふき、つたの葉がゆれたとき、メアリは飛びついて、それをつかみました。

葉のかげにちらっと見えたのは、まるい金具——つたの葉がかくしていた、とびらの取っ手でした。

メアリはつたの葉をかきわけました。手がふるえていました。コマドリはうたい、さえずりながら、メアリとおなじぐらいわくわくするのか、首をかしげていました。今、メアリの手の下にある、この四角い、鉄でできたものは、なんでしょう?

それは錠前でした。十年のあいだしめてあった錠前です。

メアリはポケットに手を入れ、鍵をとりだしました。鍵は、錠前にぴったりあいました。メアリは鍵をさしこみ、まわしました。両手を使わねばなりませんでしたが、鍵は、まわりました。

メアリは深く息をすって、道のむこうに目をやりました。だいじょうぶ、だれも来ません。メアリはもう一度深く息をすって、それから、ゆれているつたのカーテンをかきわけ、とびらをおしました。少しずつ、少しずつ。

やっと入れるだけのすきまがあくと、メアリは中へすべりこみ、とびらをしめて、あたりを見まわしました。そこは、秘密（ひみつ）の花園の『中』でした。

# 9 これ以上ないほどふしぎな家

そこは、とてもきれいな、考えられないほどふしぎなところでした。まわりをかこんでいる高いかべは、葉を落としたバラのつるにびっしりとおおわれて、つるであんだかべのようでした。メアリ・レノックスは、それがバラの木だと知っていました。インドでたくさん見ていたからです。

地面は冬枯れの茶色い草におおわれ、あちらこちらにふつうのバラもたくさんありました。どれも枝をひろげて、まるで小さい木のようでした。

バラのほかにも、木はあちこちにありました。この庭がとてもふしぎなところに見えるのは、つるバラがその木という木をぜんぶおおい、カーテンのように長くたれさがり、おたがいにからみついては、木から木へわたしたきれいなつり橋のようにゆれているからでした。

今、そのつるには葉も花もなく、生きているのか枯れてしまったのか、メアリにはわかりません。けれどもその細い灰色や茶色のつると枝は、庭全体をおおう、あわい色のマントのようでした。メアリは、秘密の花園はほかのどんな庭ともちがっているだろう、と想像していました。それは、あたっていました。

「静かだわ！」メアリはささやきました。「ほんとうに、静かだわ！」

　メアリはその静けさに耳をかたむけました。コマドリは自分の木にもどっていましたが、やはり、こそりとも音をたてず、じっとメアリを見ていました。

「静かなはずよね。ここで声を出したのは、この十年でわたしがはじめてなんですもの。」

　メアリはとびらからはなれ、だれかの目をさまさせてしまうのがこわいように、そっと足をふみだしました。

「このつるや枝はみんな枯れているのかしら。ここはもう死んだ庭なのかしら。そうじゃないといいけど。」

　メアリは灰色の枝をじっと見つめましたが、芽が出ているようすはありません。

　日の光は、来る人のないここにもさしこんでいました。秘密の庭から見あげる空は、とくべつに青く、高く、ムーアの上にひろがる空より、もっとかがやかしく見えました。

メアリはなわとびをしながら、庭じゅうを見てまわることにしました。

庭のすみには一つ二つ常緑樹におおわれたあずまやもあって、中には石のいすや、こけにおおわれた花鉢がおいてありました。二番目のあずまやに近づいたところで、メアリはなわとびをやめました。そこには花壇のあとがのこっていて、その黒い土の中から、するどくとがった、うすい緑のものがつき出ていたのです。メアリはベン・ウェザスタッフがいっていたことを思い出して、よく見ようとひざをつきました。

「ほんとうに、芽だわ。クロッカスかマツユキソウかキズイセンかもしれない。」

メアリはしめった土に顔を近づけて、においをかぎました。とてもいいにおいでした。

「どこかほかにも芽が出ているかもしれないわ。庭じゅうを探してみよう。」

メアリはなわとびをやめ、土の上を見ながら、ゆっくり歩いていきました。むかしの花壇のへり、草の中。とがったうす緑の芽はあちらこちらで見つかり、メアリはまた、胸がどきどきしはじめました。

「ここは死んだ庭じゃあないわ。バラの木が枯れていたとしても、ほかに生きているものがあるんだから。」

メアリはささやきました。枯れ草をかきわけてのびてきた緑の芽は、もっと広い場所がほしいといっているようでした。メアリはあたりを探しまわり、先のとがった板きれを見つけると、ひざをついて、まわりの土をほりかえしました。それからじゃまな草をぬき、緑の芽のまわりに小さな畑を作りあげました。

「さあこれで、ゆっくり息ができるようになったでしょ。」

メアリは自分が作った最初の畑を見ながら、いいました。そうしてそのあとも、ここの芽、あそこの芽、と一つずつ世話をしていきました。土をほりかえし、草をぬくのはとても楽しくて、メアリはいつのまにか、草や芽にほほえみかけていました。

コマドリのほうも、大いそがしでした。自分のなわばりで庭仕事がはじまったのですから。コマドリは、ベン・ウェザスタッフがほりかえしたあとの土の上に、おいしいものがたくさん出てくるのを知っていました。そうして今、新しくあらわれたベンの半分ぐらいの大きさの生きものが、土をほりはじめたのです。

やがて、お昼の食事をしに帰る時間になりました。メアリはコートを着てぼうしをかぶり、なわとびをひろいあげながら、この新しい国を見まわしました。今では何十という小さなうす緑の芽が、新しい畑の中で、枯れ草にうずもれていたときの二倍も元気そうにしていました。

「食事がすんだらまた来るわね。」

メアリは、庭の木や草にそう話しかけてから、古くて重いとびらをおしあけ、つたの中をくぐりぬけました。


マーサは、メアリがたくさん食べたのを見て、ごきげんでした。

「肉を二きれとライス・プディング（牛乳と米をむして作るあまいおかし）を二皿！　あのなわとびがよかったんですね。これを聞いたら、母さんがよろこびますよ。」

メアリは、さっき土をほっていたとき、タマネギみたいな白い根を見つけ、土の中にもどしておきました。あれはなんだったのか、マーサなら知っているかもしれない——メアリはそう思って、聞きました。

「マーサ、タマネギみたいな白い根は、なんの根？」

「球根ですよ。いろんな春の花が、球根から生えてきます。とても小さいのはマツユキソウやクロッカスの球根で、大きいのはスイセンやキズイセンやラッパズイセンのですね。いちばん大きいのはユリかむらさきのアヤメ。ああ！　どれもきれいですよ。」

「球根は、土の中で長く生きている？　だれもかまってやらなくても、何年も何年も生きている？」

　メアリは聞きました。思いついたことがあったのです。

「球根は、ほうっておいても生きています。ほうっておけば、土の中で育って、来る年も来る年も花を咲かせ、子どもを作るんです。このお屋敷の森の中に、マツユキソウが何千と咲くところがありますよ。春のヨークシャで、あそこがいちばんきれいです。最初のマツユキソウがいつあそこに植えられたのか、だれも知らんのですよ。」

　メアリは思いきって、つぶやきました。

「わたしね……、わたし、小さなスコップがほしいわ。」

「スコップなんか、なにに使うんです？　土をほるんですか？」

　マーサは笑いました。

　メアリは暖炉の火を見ながら考えました。あの秘密の国を守りたければ、気をつけなければなりません。もしクレイブンさまが、あいているとびらに気づいたら、とてもおこって、新しい鍵で二度とあかないようにしてしまうでしょう。

「ここはとても広くてさびしいでしょう？」メアリは、考え考えいいました。「お屋敷の中もさびしいし、庭も、花園もさびしいわ。しめきってあるところが多くて。おまえとべン・ウェザスタッフのほかは、話をする人もいないのに、おまえは仕事があるし、ベンはあまり口をきいてくれないわ。もしスコップがあったら、ベンみたいに土をほって、小さな花壇を作れるかもしれない。もしベンが種をくれれば。」

　すると、マーサがさけびました。

「そうですよ！　母さんがいうたとおりだ。『あそこはあんなに広いけん、おじょうさんに自分の畑をあげたらいいのに。パセリかハツカダイコンしか植えんでも、ほったりならしたりしていればそれだけで楽しいよ』ってね、母さんはそういうたんです。」

「そうなの？　母さんって、ほんとうにもの知りなのね。」

「そうですとも。母さんはよくいうてます、『十二人も子どもを育てれば、ABCだけじゃないこともおぼえるよ』って。」

「スコップって、いくらぐらいするの？　小さいスコップでいいんだけど。」

　メアリが聞くと、マーサは考えてからこたえました。

「そう、スウェイトの村に店があって、そこでは、スコップとレーキとくまでで、二シリング（現在の日本円で二千六百円位）です。しっかりした道具ですよ。」

「わたしのおさいふに、もっと入っているわ。メドロックさんが、クレイブンさまからのお金をくれたから。」

「クレイブンさまが、おじょうさまのことをお考えになったんですか！」

マーサがおどろいていいました。

「わたしには週に一シリング（現在の日本円で千三百円位）ずつ、いつも土曜日にくださるんですって。でも、なにを買っていいかわからなかったの。」

「おどろいた！　たいしたお金ですよ。わたしの家の借り賃はたったの一シリング三ペンス（現在の日本円で千六百円位）ですけれど、それをはらうのがどれほどたいへんだか。そうだ、いいことがある。スウェイトの村の店で、一ふくろ一ペニー（現在の日本円で百円位）で花の種を売っているんです。ディコンはどの花がいちばんきれいか、どう育てるか、よく知っています。おじょうさま、字が書けますか？」

マーサはとつぜん聞きました。

「書けるわ。」

メアリがいうと、マーサは頭をふりました。

「ディコンは書けません、読めるだけで。ディコンに手紙を書いて、道具と種を両方買ってくるようにたのみましょう。」

「ありがとう、マーサ！　おまえはほんとうにいい人ね。」

メアリはうれしそうにいいました。心の中ではこう考えていたのです――スコップがあったら、土をふわふわになるまでやわらかくできるし、雑草の根もとれるわ。種を植えて花を咲かせられれば、あそこは死んだ庭にはならない――生きていることになるわ！

その日の午後、マーサは仕事をすませてから、またメアリの部屋にもどってきました。メアリはあまり勉強をしたことがなかったので、じょうずな字は書けませんでしたが、マーサのいうことをいっしょうけんめい書きとって、どうにか読める手紙を書きあげました。こんな手紙でした。

『しんあいなるディコンさま
げんきでいることとおもいます。メアリおじょうさまはお金をたくさんもっているので、花だんをつくれるように、おまえがスウェイトへいって花のたねと土をたがやすどうぐをかってきてくれませんか。花はいちばんきれいでじょうぶなのをえらんでください。おじょうさまはまえに花をそだてたことがないし、インドにすんでいたし、インドはイギリスとちがいます。かあさんとみんなによろしくいってください。メアリおじょうさまがこれからいろいろなはなしをしてくれるので、つぎのがいしつ日には、ぞうやらくだのはなしや、らいおんやとらをしとめにいくしんしたちのはなしをしてあげます。

おまえのやさしいあね
マーサ・フィービ・ソワビー』

「ふうとうにお金を入れてから、肉屋の子にとどけてもらいましょう。あの子はディコンのなかよしですけん。」

マーサがいいました。

「ディコンが買ってきたものは、どうやって受けとるの？」

「ディコンが自分で持ってきますよ。」

「あら、じゃあディコンに会えるのね。会えないと思っていたわ。」

「おじょうさまはディコンに会いたいのですか。」

マーサがふしぎそうに聞きました。メアリがとてもうれしそうだったからです。

「会いたいわ。だって、キツネやカラスがすきになる男の子なんて、まだ見たことがないもの。とっても会いたいわ。」

メアリは熱心にいいました。

マーサはお茶の時間までいっしょにいましたが、考えることがたくさんあったので、二人ともほとんど話をしませんでした。お茶のしたくをしにマーサが台所へ行こうとしたとき、メアリが聞きました。

「マーサ、今日だれか下で泣いていた？」

マーサはぎくっとしたようすでした。

「なぜそんなことを聞くんです？」

「さっき、マーサがなかなか帰ってこなかったので、わたし、戸をあけてろうかに出て、もう来るかと見ていたの。そうしたら、遠くで、またあの泣き声が聞こえたわ。この前の夜とおなじ声よ。今日は風がないから、あれは風の音じゃないわ。」

「ああ、おじょうさま、」マーサはそわそわしながらいいました。「おじょうさまはろうかを歩いたり、聞き耳をたてたりしてはいけんのです。そんなことをすると、クレイブンさまがとてもおこって、なにをなさるかわからんですよ。」

「聞き耳をたてたりしていなかったわ。ただマーサを待っていたのよ。そうしたら聞こえてきた――三度目よ。」

「あっ、メドロックさんのベルです！」

マーサはそういうと、走るように部屋を出ていってしまいました。

「ここはほんとうに、これ以上ないほどふしぎな家だわ。」

メアリはねむそうな声でいいながら、そばにあったひじかけいすに頭をもたせかけました。さわやかな空気と庭仕事となわとびのおかげで、気持ちよくつかれています。メアリはいつのまにか、ねむりこんでしまいました。

# 10 ディコン

お日さまは、もう一週間もつづけて、『秘密の花園』を照らしていました。メアリはここを、そう名づけたのです。この名前も、きれいな古いかべにかこまれてだれも知らないところにいる、という感じも、メアリはとても気に入っていました。

メアリは知りませんでしたが、秘密の花園の球根たちは、まわりをきれいにたがやしてもらって大よろこびでした。日の光がとどくのであたたかく、ふった雨はそのまましみこんでくるからです。

庭仕事は、メアリにはわくわくするような遊びでした。うす緑のとがった芽は考えていたよりずっとたくさんあり、あまりたくさんなので、メアリは、マーサがいっていた「何千ものマツユキソウ」ということばを思い出しました。この庭の球根たちは十年間ほっておかれたあいだにふえて、マツユキソウみたいに何千という数になっているかもしれませ

ん。メアリはときどきシャベルを持つ手をとめて庭を見まわし、何千ものきれいな花が咲(さ)いたらどんなだろう、と想像(そうぞう)してみました。

お天気つづきのこの一週間のあいだに、メアリはベン・ウェザスタッフとずいぶん話をしました。今ではメアリは、ベンが気づいてどこかへ行ってしまわないように、なるべく近づいてから声をかけるようにしていました。おかげでベンのほうでは、メアリが土の中からわき出したのかとびっくりしたのも、一度や二度ではありませんでした。

ある朝ベンはいいました。

「あんたはまるでコマドリだな。いつあらわれるか、まるでわからないものな。」

ベンはいつも口かずが少なく、メアリがなにか聞いても、ただうなって返事のかわりにしてしまうこともあるほどですが、この朝はきげんがいいようでした。

「あんたがここに来てから、どのぐらいになるかな?」

「ひと月ぐらいだと思うわ。」

「ミセルスウェイトのききめがあらわれてきたようだな。前より少しふとっただろ。」

「ええ、くつしたがきつくなったわ。あ、来たわ、コマドリよ、ベン。」

ほんとうでした。コマドリは絹(きぬ)のようにつやつやした赤いチョッキの胸(むね)をはり、羽をひろげ、尾をふり、首をかしげて、あたりをはねてまわりました。まるで、ベン・ウェザスタッフを感心させようと決心しているみたいに。

「おいおまえ、」とベンはいいました。「ほかにだれもいなけりゃ、おれが感心してやってもいいけどな。おまえはここ二週間というもの、赤いチョッキをもっと赤くして、羽をみがいていたな。なんのためだか知っているぞ。どこかのコマドリのむすめをさそおうっていうんだろう。」

　コマドリはベンを見つめ、首をかしげて、ベンのために短い歌をうたいました。

「おまえ、そんなことをすればおれが感心すると思っているのか。こうすればだれでも自分をすきになる……、おまえはそう考えているんだろうがな。」

　ベンは顔にしわをよせながらいいました。うれしさをかくしているみたい、とメアリは思いました。するとコマドリは、今度は羽をひろげ——メアリは、自分の目が信じられませんでした——ベンの、立ててあったシャベルの柄にとまったのです。ベンは、息をするのもこわい、というようにぴくりとも動かなくなりました。そうして、ささやきました。

「いや、おどろいたもんだ！　どうすれば人が降参するか、よく知っているんだな！　どうしてこんなに分かってるんだ？」

ベンは身動きもせず、息もほとんどとめて、立っていました。やがて、コマドリはまた羽をひろげ、どこかへ飛(と)んでいきました。ベンは、コマドリがとまっていたシャベルの柄(え)をじっと見つめ、またほりはじめて、そのまま五、六分は口をききませんでした。

けれどもベンがときどき、にこりとするので、メアリはこわがらずに話しかけました。

「ベン、もしおまえが自分だけの花壇(かだん)を持っていたら、なにを植える？」

「球根とにおいのいいものを……。だが、たいていはバラだ。」

メアリは目をかがやかせました。

「バラはすき？」

ベンはすぐにはこたえず、雑草(ざっそう)を一本ぬいてわきへほうりなげてから、いいました。

「そう、すきだな。むかし、ある若(わか)いおくさまのために庭仕事をしていたとき、バラの育てかたをならった。そのかたはお気に入りの庭にバラをたくさん植えて、ご自分の子どもみたいにかわいがっていらした。」ベンはまた雑草をぬいて、こわい顔でそれをにらみました。「もう十年も前のことだ。」

「そのおくさまは、今はどこにいらっしゃるの？」

「天国だ。牧師(ぼくし)さまのいわれるには、な。」

「バラはどうなったの？」メアリは胸をどきどきさせながら、聞きました。「枯れてしまった？　バラは、ほっておかれると枯れてしまう？」

「そうさな、わしはバラがすきだった。……おくさまもすきだった。おくさまは、あのバラがおすきだったんだ。」ベンはしぶしぶみとめました。「年に一度か二度、わしはそのバラの世話をした。枝を切ったり、根もとをほりかえしたりな。だんだん野生にもどったが、土が豊かだったから、少しは生きのこった。」

「葉が一枚もなくて枝が灰色だったら、生きてるか死んでるかどうやって見わけるの？」

「春が、その仕事をするまで待つのさ。日の光が雨にふりそそいで、雨が光にふりそそいで……、そうしたら、わかるさ。」

「どうなるの、ねえ、どうなるの？」

メアリは用心をわすれてさけびました。

「根もとから小枝の先までさがして、ところどころが茶色くふくらんでいたら、あたたかい雨のふったあとで、どうなっているか見にいくといい。」

ベンはきゅうに話しやめて、夢中になって聞いているメアリの顔を、はてな、というようにながめました。

「あんたはなぜ、バラのことをこんなに、それもきゅうに、知りたくなったんだ？」

メアリは顔が赤くなるのがわかりました。こたえるのがこわいほどでした。

「わたし……、育てたいと思って……、自分の庭に……、わたし、することがないし……。なにも持っていないし、友だちもいないから。」

「そう、だな。」ベンはメアリを見つめながら、ゆっくりといいました。「そりゃあそのとおりだ。あんたはなにも持っていない。」

ベンのいいかたはとても変でした。まるでほんとうに、メアリをかわいそうだと思っているようなのです。最後にメアリは聞きました。

「ベン、おまえはその生きのこったバラを、いまでも見に行く？」

「今年はまだだ。リューマチがわるくて、ひざがまがらないんでね。」

ベンはぶつぶつとつぶやき、それから、なぜかきゅうにおこりだしました。

「そんなにあれこれ聞くのは、やめてもらいたいもんだ！　あんたほどの聞きたがりやは見たことがない。どこかよそへ行って遊んでくれ。今日はもう、しゃべりすぎた。」

ベンがあまりおこるので、メアリはかべの外の道へ出ていきました。ベン・ウェザスタッフが、メアリはすきでした。ベンは花のことならなんでも知っていそうでした。

その日はなわとびがとくべつにうまくとべました。メアリはうきうきしてきて、このまま道の先の門をぬけ、森へ行ってみようかと思いました。森でウサギが見られるかもしれません。

森に入ったとたん、低い、口笛のような、変わった物音が聞こえてきました。なんの音だろうとふしぎに思ったメアリは、近づいてのぞいてみました。

それはほんとうに、変わった光景でした。木の下に男の子がひとりすわり、木をけずって作った笛をふいています。十二歳ぐらいの、おかしなかっこうの子どもでした。顔も手もきれいにあらってあります。鼻がつんと上をむき、ほおはケシの花のようにまっ赤で、目は――こんなに丸く、こんなに青い目の男の子を、メアリは見たことがありませんでした。

その子がよりかかっている木の幹には、一ぴきの茶色いリスがしがみついて、男の子を見つめていましたし、近くのやぶのかげからは雄のキジが首をのばしており、そのうえ男の子のすぐそばにはウサギが二ひきすわって、ひくひくと鼻を動かしています――どの動物も、男の子の笛の、静かで奇妙な音を聞こうと集まってきているようでした。

男の子はメアリを見ると手をあげて、笛とおなじような低い声でいいました。

「動かんで。みんながおどろくけん。」

　メアリはじっとしていました。男の子は、まるで動いていないみたいに、ゆっくり、ゆっくり立ちあがりました。リスは上の枝へかけあがり、キジは頭をひっこめ、ウサギは手をおろしてとんでいきましたが、だれもこわがってはいませんでした。

「おれ、ディコン。」その子はいいました。「あんたはメアリおじょうさまや。」

　聞いたとたんにメアリは、この子がディコンだと、いわれる前からわかっていたことに気づきました。でなければだれが、インドの人がヘビに笛を聞かせてうっとりさせるように、ウサギやキジに笛を聞かせてうっとりさせるでしょう？　ディコンは大きくて赤い、笑うのがすきそうな口をしていました。ほんとうに笑うと、顔じゅうがくしゃくしゃになりました。

「マーサの手紙を受けとったのですか？」

　メアリが聞くと、ディコンはうなずき、身をかがめて、笛をふいていたとき横においてあった包みをひろいあげました。

「庭仕事の道具だよ。小さいシャベルとレーキとくまでとくわ。いいやつだ。こてもあるよ。種を買ったら、店のおばさんが白いケシとヒエンソウの種も、一ふくろずつ入れてくれたよ。」

「種を見せてくださいませんか？」

　メアリははじめてディコンに会ったので、ついぎこちない話しかたになりました。でもディコンのほうはそんなことはぜんぜん気にならないらしく、青い目をくりくりさせて楽しそうなので、メアリもそのうち、はずかしかったことなどわすれてしまいました。ディコンの体からは、ヒースと草の葉のさわやかなにおいがしました。

　ディコンはコートのポケットから、小さな茶色い紙包みをとり出しました。ひもをとくと、中から、きれいな花の絵のついた小さな包みが、いくつもいくつも出てきました。

「モクセイソウとケシが多いよ。モクセイソウはいちばんにおいがいいし、どこにまいても育つけん。ケシもそうやけど。」

　ディコンはそういったあと、きゅうに口をとじました。

「コマドリがおれたちをよんでる。どこやろう？」

　だれが歌っているのか、わたしは知っているわと、メアリは思いました。

「ほんとうにわたしたちをよんでいるの？」

「うん。友だちをよんでる。『ぼくはここだよ。ぼくを見てよ』っていうてるよ。あ、あそこにおる。だれの鳥やろう？」

「ベン・ウェザスタッフのよ。でも、わたしを知っていると思うわ。」

「そう、あいつはきみを知っとるね。」ディコンはまた、低い声になっていいました。「そうして、きみがすきや。自分のなかまやと思うとる。ちょっと聞いてみよう。」

ディコンはゆっくりとしげみに近づき、チュクチュクという、コマドリそっくりの音をたてました。コマドリは四、五秒のあいだ、いっしょうけんめい聞いていましたが、すぐに、まるで返事をするように鳴きだしました。

「はは、この鳥は、きみと友だちやってさ。」

ディコンはくすくす笑いました。

「ほんとう？」メアリは夢中になってさけびました。「このコマドリ、ほんとうにわたしがすきだと思う？」

「そうじゃなかったら、そばには来んさ。小鳥はみんな、友だちをえらぶし、とくにコマドリは、気に入らんやつを人間よりもっとばかにする。ほら、このコマドリはきみの気をひこうとしているんだよ。『ぼくがどんなにすてきか見てよ』って、いうてるんだ。」

「あなたは、小鳥のいうことがみんなわかるの？」

メアリが聞きました。するとディコンはにんまりしましたが、おかげで顔じゅうが、赤い大きな口だけみたいになってしまいました。ディコンはもじゃもじゃ頭をかきました。

「そう思う。小鳥たちも、そう思うとる。いつも鳥たちといっしょにムーアにおるけん、自分も鳥じゃないかって思うことがあるよ。鳥だけじゃなく、おれはキツネだ、とか、ウサギだ、とか、リスやカブトムシだと思うこともあるな。自分でも分からんくなる。」

ディコンは笑って、もとのところにもどり、また、花の種のことを話しはじめました。どんな花が咲くのか、水や肥料はどうするか、といったことです。

「そうだ。」ディコンはきゅうにふりむいて、メアリを見ながらいいました。「おれが種をまいてやるよ。きみの庭はどこにあるの？」

メアリはひざにのせていた手を思わずにぎりしめました。なんといっていいか、わかりません。まるまる一分のあいだ、メアリはなにもいいませんでした。それから、手をきつくにぎりしめ、思いきったようにディコンのほうをむきました。

「あなたは秘密を守れる？　もしわたしが秘密を話したら、それをだれにもいわないでいられる？　とても大切な秘密だから、もしだれかに知られてしまったら、わたし、どうしていいかわからないわ。きっとわたし、死ぬと思うわ！」

　ディコンは前よりもっとけげんな顔をして、頭をごしごしこすりましたが、返事には心がこもっていました。

「おれはいつも秘密を守るよ。キツネの子とか鳥の巣とか動物の巣穴のことなんかを、ほかの子に話してしまったら、ムーアの動物たちは安心しとられんくなる。うん、おれは秘密を守れる。」

「わたし、庭をぬすんだの。」メアリは早口にいいました。「わたしの庭じゃないの。だれの庭でもないわ。だれもあの庭をほしがらないし、だれも世話をしないし、だれも入ったことがないの。」

　メアリは体じゅうがかっと熱くなり、生まれてはじめてというほど、つむじをまげました。

「そんなこと、どうでもいいわ！　だれもしない世話をわたしがしているんですもの、あれはわたしの庭よ。だれにもわたさないわ！　あそこをしめきって、死なせようとしているんですもの！」

　メアリはさけぶようにいうと、両手で顔をおおい、わっと泣きだしてしまいました。

　ディコンの丸い目は、前よりもっと丸くなりました。

「へえーえー。」

ディコンはゆっくりといいました。それは「おどろいた」と、「かわいそうに」が両方入っている「へえーえー」でした。

「どこにあるんや、それ？」

ディコンが低い声で聞きました。

メアリはすぐ立ちあがりました。また前の、強情な、つむじまがりのメアリさんにもどっていることを自分で知っていましたが、そんなこと、かまいはしませんでした。今のメアリはインドにいたころのいばったメアリで、体はかっと熱く、そのくせとてもさびしいのです。

「ついてくれば、見せてあげるわ。」

メアリはいって、つたのしげったかべのところへディコンをつれていき、ゆっくりととびらをおしあけました。ディコンは、こまったような、気のどくに思っているような、おかしな顔であとにつづきました。庭に入ったところでメアリは立ちどまり、まるでけんかごしで、手を大きくまわしながらいいました。

「ここよ。ここは秘密の花園なの。ここに花を咲かせたいと思うのは、世界じゅうでわたしひとりだわ。」

ディコンは庭のすみからすみまで、ゆっくり、じっくり、ながめ、それから、ささやきました。

「へんなところだな。だけどきれいだね！　まるで、夢の中にいるみたいや！」

# 11 ヤドリギツグミの巣

二分か三分のあいだ、ディコンはまわりを見まわし、メアリはそのディコンを見つめていました。それからディコンは、メアリがはじめてこの庭に入ってきたときより、もっと静かに歩きはじめました。ディコンの目は、なに一つ見のがさないようでした。

「ここが見られるなんて、思ってもみんかった。」

ディコンは最後に、ささやきました。

「知っていたの、ここのこと？」

ディコンはうなずきました。

「マーサが、こういう庭があるっておしえてくれた。どんな庭やろうと思うとったんや。」

ディコンは立ちどまって、きれいにもつれあっている灰色のつるをながめました。

「春にはあちこちに巣ができるんやろうな。ここはイギリスじゅうでいちばん安全な場所やもの。ムーアじゅうの鳥が来るんやないかな。」

メアリは、自分でも気づかずにディコンの腕に手をかけ、ささやきました。

「バラが咲く？　わかる？　みんな枯れているんじゃないかと思うんだけど。」

「みんな？　ちがうよ、そんなことはない。見てごらん！」

ディコンはそばのバラの木に近より、ポケットからナイフを出しました。

「古い枝もたくさんある。だけど去年生えてきた枝もあるよ。ほら、これは新しい枝さ。」

ディコンはそういって、茶色がかった緑の枝をさしました。

「これ？　この枝はほんとうに生きている？」

ディコンは大きな口で笑って、いいました。

「そう、おれやきみとおんなじくらい元気だよ。」

「よかったわ！」メアリは声をおさえてさけびました。「ここの木が全部元気だといいけど。ね、調べてみてよ。」

メアリとディコンは木から木へ、しげみからしげみへと、調べて歩きました。ディコンは手にナイフを持ち、いろいろなものを見せてくれました。

「みんな野生にもどっとるけど、強い木はしっかりしてる。ほら、ここはまだ緑だ。見てごらん。」

　メアリはディコンにいわれるより前に、地面にひざをつき、体じゅうを目にして、見つめていました。

「この枝は生きてる根から出てるんだ。枯れた枝をみんな切って、根のまわりをほって、世話してやったら、きっと……、」ディコンは、頭の上にたれさがっているつるのカーテンを見あげました。「ここは、夏には、バラの噴水みたいになるやろうな。」

　それからディコンは、びっくりして声をあげました。

「あれっ、だれがあんなことをしたんやろう？」

　ディコンが指さしているのは、一、二メートル先の、メアリがうす緑の芽のまわりにこしらえた小さな畑でした。

「わたしよ。」

　メアリがいうと、ディコンは感心したようでした。

「きみは庭仕事のことはなんにも知らんって、思うとったけどなあ。」

　ディコンはその畑に歩いていって、ひざをつき、顔いっぱいに笑いをうかべました。

「きみはいいことをしたんだよ。どんな庭師でも、これ以上のことはできない。これはクロッカス、これはマツユキソウ、こっちのこれはスイセンだね。」

ディコンは畑から畑へ走っていき、メアリをふりかえっていいました。

「きみはまだ小さいのに、ずいぶん仕事をしたんだね。」

「わたし、前よりふとったし、強くなったわ。土をほっているときは、ぜんぜんつかれないの。ほりかえした土はいいにおいがするし。」

メアリがいうと、ディコンは考え深そうにうなずいて、いいました。

「そうだね。さっぱりした土のにおいほどいいものっていったら、ほかには木や草の芽に雨がふるときのにおいだけだ。おれは雨がふると、よくムーアに出るよ。そして、しげみの下にねころがって、雨つぶがヒースにふりかかる音を聞きながら、くんくんにおいをかぐ。そげんして鼻を動かしとるところはまるでウサギみたいだ、って母さんがいうよ。」

「そんなことをして、かぜをひかない？」

「おれはひかんよ。」ディコンはにやっとしました。「今まで、かぜひいたことがない。どんな天気のときも、ウサギみたいにムーアをかけまわって育ったからね。」

ディコンは話しながらも枝を切ったりととのえたりをやめないので、メアリはくまでやこてを持って、ついていきました。

「しなきゃいけんことがたくさんあるなあ、ここには！」

ディコンは庭じゅうを見まわして、うれしそうにいいました。

「ディコン、またここに来て、バラの世話（せわ）をしてくれない？」メアリはたのみました。

「わたしもてつだうから。」

「きみが来てほしいんなら、いつでも来るよ。こんなおもしろいことは、生まれてはじめてだ。……こんなところにかくれて、ねている庭の目をさまさせるなんて。」

「もしあなたが来て、庭を生きかえらせるてつだいをしてくれたら、わたし……、わたし、おかえしになにをしてあげればいいかわからないわ。」

メアリはこまって口をつぐみました。ほんとうに、ディコンのような子に、してあげられることがあるでしょうか？

するとディコンが、にんまりしてこたえました。

「なにをすればいいか、おしえるよ。きみは子ギツネみたいにおなかをすかせて、もっとふとるんだ。それから、コマドリ語を練習（れんしゅう）して、おれみたいにコマドリと話ができるようになる。そしたら、もう、すっごく楽しいよ！」

ディコンは歩きはじめ、なにか考えながら、木やかべやしげみを見ていきました。

「バラのつるは、あまり切らんでおこう。かってにのびて、からんだり、たれさがったりしているほうがきれいだもん。」

「そうね。でないと、秘密の花園らしくなくなるわ。」

ディコンは立ちどまり、はてな、というように茶色い頭をこすりました。

「ここはたしかに秘密の花園だよ。でも、おかしいな、枝をかりこんだあとがたくさんあるけど、それが十年前のものには見えないんだ。もっと新しい。」

ディコンはそういって、首をふりました。

それからまもなくのある朝を、メアリはけっしてわすれないでしょう——庭の木や草がいっせいに目をさまし、うっすらと緑に色づきはじめたその朝のことを。

ディコンが種を植えはじめたとき、メアリは、ベイジルがメアリをからかってうたった歌を思い出して、いいました。

「鈴みたいな形の花がある？」

「スズランがそうだよ。フウリンソウやホタルブクロも。」

「それをすこし植えない？」

「スズランなら、もうここにある。フウリンソウとホタルブクロは、うちの庭から持ってくればいい。なぜそんなものがほしいの？」

メアリは、ベイジルやベイジルの兄弟たちの話をしました。

「あの子たちったら、わたしのまわりでおどりながら歌ったのよ。

『つむじまがりのメアリさん、
庭にはなにを植えなさる？
銀色の鈴やら貝がらも、
マリーゴールドもひとならべ』

だから、銀色の鈴みたいな花があるのかしら、と思ったの。」

メアリはちょっと顔をしかめ、こてをぐいっと土の中におしこみました。

「わたし、あの子たちほどつむじまがりじゃなかったわ。」

ディコンは笑いました。

「花や木や草がたくさんあって、なかよしの動物たちがまわりをかけまわっとったら、だれもつむじをまげんさ。そうやろう？」

メアリはディコンを見て、顔をしかめるのをやめました。

「ディコン、あなた、マーサがいっていたとおり、とってもいい子だわ。わたし、あなたがすきよ。これで五人目。わたし、五人も人をすきになるなんて、思っていなかった。」

ディコンは手をとめて、体を起こしました。

「きみがすきなのは五人だけ？　ほかの四人って、だれね？」

「あなたの母さんと、マーサと、コマドリと、ベン・ウェザスタッフよ。」

ディコンはあまり笑ったので、とうとう口を手でおさえなければなりませんでした。

「きみはおれを、おかしな子だと思っとるよね。でもおれは、きみのほうが、見たこともないほど、とんでもなくおかしな女の子だと思うよ。」

するとメアリは、思いがけないことをしました。身をのりだして、こんなことをだれかに聞くなどとは考えもしなかったことを、ディコンに聞いたのです。それもディコンとおなじヨークシャことばで。

「あんた、わたしをすいとる？」

「うん！」ディコンはきっぱりといいました。「すいとるよ。とってもすいとるし、コマドリもきみをすいとる。ほんとうだよ。」

「じゃあ二人。わたしをすいとる人が二人いるわ。」

中庭の時計が食事の時間を知らせたとき、メアリはがっかりしていいました。

「わたし、行かなきゃ。ディコンもでしょう？」

ディコンはにやっとしました。

「おれの食事は、いつも母さんがポケットに入れてくれるのさ。」

ディコンは草の上においてあったコートのポケットから、さっぱりした青と白のあらい布にくるんだ小さなかたまりをひき出しました。

「たいていは、パンだけなんだ。でも今日は、厚切りのベーコンもある。そうだ、あのコマドリをよんで、ベーコンの皮をつつかせてやろう。鳥たちはあぶらみが大すきだから。」

メアリはぐずぐずと、かべの中のとびらのほうに行きかけましたが、そこで足をとめ、もどってきました。

「なにがあっても、だれにも……、だれにもいわない？」

ディコンの赤いほおは、ちょうどパンをくわえたところだったので、うんとふくらんでいました。それでもディコンは、どうにかこうにか、にっこりしてみせました。

「もしきみがヤドリギツグミで、きみの巣をおれに見せてくれたとしたら、おれがそのことをだれかに話すと思うかい？」

メアリは、ほんとうに安心していていいのだ、と思いました。

# 12「土を少しくださいませんか？」

「マーサ、わたし、ディコンに会ったのよ！」

メアリは、部屋にとびこむなりさけびました。食事の用意はもうできていて、そばでマーサが待っていました。

「来たことは知っていますよ。あの子はどうでした？」

「ディコンは……、ディコンはきれいな子だわ！」

マーサはおどろいたようでしたが、でもうれしそうにいいました。

「そう、ディコンほどいい子はほかにいません。でも、あの子がきれいだとは、だれも思ったことがないですね。鼻が上をむきすぎていますよ。」

「わたしは、上をむいた鼻がすき。」

「目もまん丸だし、口が大きいでしょう？」

「わたし、大きい口がすき。」メアリはがんこにいいはりました。「わたしもあんな口だったらよかったわ。」

マーサはくすくす笑いました。

「おじょうさまの顔にあの口がついていたら、ずいぶん変なものだったでしょうよ。それで、花の種と庭仕事の道具はどうでした？　種はどこにまくんですか？」

「わたしの畑は……、まだだれにもたのんでないの。」

メアリは口ごもりました。

「そうですか。わたしなら、ベンにたのみます。あの人は、とっつきこそわるいけれど、そんなわるい人じゃありません。なくなったおくさまは、ベンがおすきでしたよ。ベンなら、どこかじゃまにならないところを見つけてくれます。」

「もしだれもほしがらないところなら、わたしがもらっても、だれも気にしないわね？」

メアリは心配そうに聞きました。

「気にするわけがありませんよ。なにもわるいことはなさらないんですから。」

メアリはできるだけ早く食事をして、おわるとすぐ、部屋へかけこんでぼうしをかぶろうとしましたが、マーサがひきとめました。

「ちょっと待ってください。クレイブンさまが今朝お帰りになって、おじょうさまにお会いになるそうですよ。」

「どうして？　クレイブンさまは、わたしに会いたくないのでしょう？」

「うちの母さんのせいだと、メドロックさんがいうてましたよ。」と、マーサは説明しました。「母さんはスウェイトでクレイブンさまに会ったんです。おくさまは二、三度うちにいらしたことがあるので、母さんはそのことをお話しして、クレイブンさまに足をとめていただいたんです。母さんがおじょうさまのことでなにかいうたので、クレイブンさまは、明日出発なさる前におじょうさまにお会いになるんですよ。」

「そう！　明日出発なさるの。うれしいわ！」

「長くお出かけになるんですよ。秋か冬までね。」

メアリはほっとしました。もしクレイブンさまが冬まで、いえ、秋まででも帰らなければ、秘密の花園がよみがえるのを見とどけることができるでしょう。

「クレイブンさまはいつわたしに……。」

そのときとびらがあいて、メドロックさんが入ってきました。

「メアリさま、かみの毛がくしゃくしゃですよ。行って、といておいでなさい。マーサ、おじょうさまのいちばんいい服をお出し。クレイブンさまが書斎でお待ちなんだから。」

メアリはまた、自分がつむじまがりのメアリさんになっていくのがわかりました。メアリはメドロックさんに返事さえせず、したくができると、だまったままメドロックさんのあとについていきました。なにかいうことがあったでしょうか？　クレイブンさまはきっと、メアリをきらうでしょう。メアリもきっと、クレイブンさまをきらうでしょう。

メアリが部屋に入っていくと、暖炉の前のひじかけいすに、男の人がひとり、すわっていました。

「だんなさま、こちらがメアリおじょうさまでいらっしゃいます。」

「その子をおいて、さがっていなさい。帰らせるときには、鈴を鳴らすから。」

クレイブンさまは、こちらに背をむけたまま、いいました。

メドロックさんが部屋を出て、とびらをしめたあとは、小さくてみっともないメアリはただ、じっと待っているほかはありませんでした。いすの中の男の人は、背がまがっているといっても、それほどではなく、かみの毛にはしらがも少しまじっていました。その人は、まがった背をまわしてこちらをむき、メアリに声をかけました。

「ここへ来なさい！」

メアリはそばに行きました。

クレイブンさまは、みっともない人ではありませんでした。これほど暗い顔をしていなければ、きれいな人だとさえいえたでしょう。クレイブンさまはまるで、メアリがそこにいるのでこまりはて、どうしていいかわからないでいるように見えました。

「元気かね？」

クレイブンさまが聞きました。

「はい。」

「ちゃんとめんどうを見てもらっているかね？」

「はい。」

クレイブンさまはこまったように、額をこすりました。

「おまえはずいぶんやせているな。」

「ふとってきています。」

メアリは、これ以上できないほどぎくしゃくしたいいかたをしました。

クレイブンさまは、なんと不幸せそうだったことでしょう！　黒い目は、なにかほかのものを見ているようで、ほとんどメアリを見てはいませんでした。

「わたしはおまえをわすれていた。おまえに家庭教師をつけようと思っていたんだが。」

「わたし……、わたしは……、どうか、家庭教師はまだにしてください。」

クレイブンさまはまた額をこすり、メアリを見つめてつぶやきました。

「だが、ソワビーのおかみさんはそうしろといったが。おまえはどうしたいんだね？」

メアリはやっとのことで、少しばかりの勇気をふるいおこしていいました。

「わたしは外で遊びたいんです。インドでは、外はきらいでした。ここでは、外にいるとおなかがすくので、わたしはふとってきました。」

クレイブンさまはメアリを見ていました。

「おまえはどこで遊ぶんだね？」

「どこででも。」メアリは息をのみました。「マーサの母さんがわたしになわとびをくれました。わたしはなわとびでとんだり、走ったり、土の中からなにかが顔を出しはじめないかと、見てまわったりします。なにもわるいことはしません。」

「そんなにこわがらなくてもいい。」クレイブンさまはこまったようにいいました。「わるいことなどできはしない。おまえのような小さな子に。すきなことをしていいんだよ。」

メアリは思わず手をのどにあてました。あまりうれしくて、きゅうになにかがのどにと

びこんだような気がしたのです。メアリは一歩、クレイブンさまに近づきました。

「ほんとうですか？」

メアリは、ふるえながら聞きました。その小さな、心配そうな顔を見たクレイブンさまは、前よりもっとこまってしまったようでした。

「そんなにこわがらなくてもいい。もちろんおまえは、すきなことをしていいんだよ。わたしはおまえの親がわりなのだ。子どものことは苦手だが、おまえには、幸せで、元気でいてもらいたい。今日おまえをよんだのは、ソワビーのおかみさんが、わたしはおまえに会わなければいけないといったからだ。わたしをムーアでよびとめるとは、少し大胆だとは思ったが、こういっていたな。クレイブンのおくさまには親切にしていただいたものだ、と。」

なくなったおくさまのことを話すのは、クレイブンさまにはつらいことのようでした。

「ソワビーのおかみさんはものの分かった人だ。こうやっておまえを見ていると、あのおかみさんのいったことが正しいと分かる。すきなだけ外で遊びなさい。ここは広い。どこへでも、すきなところに行って、すきなことをしなさい。

なにか、ほしいものがあるかね？　おもちゃは？　本や、人形はどうだね？」

クレイブンさまは、きゅうに思いついたように聞きました。

「あの、できたら……」メアリはふるえ声でいいました。「土を少しくださいませんか？」

メアリは夢中になっていたので、このことばはおかしいとか、ほんとうにほしいのは土ではないとか、気づきませんでした。クレイブンさまはおどろきました。

「土がほしい！　なんのことかね？」

「種をまくところが……。育てたいんです……、花が咲けば、それは生きていて……。」

メアリは口ごもりました。クレイブンさまはちらりとメアリを見て、それから、目をすばやくこすりました。そうして、ゆっくりといいました。

「おまえは……、庭がすきなのか？」

「インドでは、庭のことはなにも知りませんでした。いつも病気だったし、つかれていたし、暑すぎて。でも、ここの庭は、ぜんぜんちがうんです。」

クレイブンさまは立ちあがり、ゆっくりと部屋の中を歩きはじめました。

「土を少し、か。」

クレイブンさまはひとりごとをいい、足をとめてメアリを見やりましたが、その黒い目は、ほとんどやさしいといっていいほどでした。

「おまえがほしいだけの土をあげるよ。おまえはわたしに、やはり土や育つものがすきだった、ある人を思い出させてくれる。おまえのほしい土がどこかにあったら、そこをお使い。そうして生かしておやり。」

クレイブンさまは、もしかしたら、笑ったのかもしれません。メアリは、勢いこんで聞きました。

「どこでもいいんですか？　もし、だれもほしがらないところだったら？」

「どこでもいい。さあ、もう行きなさい！　わたしはつかれた。」

メアリは部屋にとんで帰りました。マーサが待っていました。

「わたし、庭がもらえるのよ！　どこでもすきなところを、わたしの庭にしていいの！　それに、家庭教師はまだ来ないわ！」

「へえ、クレイブンさまって、いいかたなんですねえ。」

「マーサ、」と、メアリは真剣にいいました。「クレイブンさまは、ほんとうにいいかたよ。とてもさびしそうなお顔で、おでこはしわだらけだけれど。」

それからメアリは、できるだけいそいで庭へ行きましたが、ディコンのすがたはもうどこにもありませんでした。五マイル歩いて家に帰るのですから、早く出発しなければならなかったのでしょう。秘密の花園はからっぽで——いいえ、コマドリがいました。コマドリはバラの木にとまって、メアリを見ていました。

そのバラの木に、なにか白いものが結びつけてありました。それは紙きれ、というより、メアリが書いたディコンあての手紙でした。そのうらに、大きな字がいくつかと絵が書いてありました。鳥の巣の絵でした。巣の中に鳥がすわっており、その下に、こう書いてありました。

『またくる。』

# 13 「ぼくはコリンだ」

メアリは夕食に帰るとき、絵を持っていって、マーサに見せました。

「ああ！」マーサはとてもとくいそうにいいました。「ディコンがこんな手紙も書けるなんて、知りませんでしたよ。これはヤドリギツグミが巣にすわったところです。」

それはほんとうに、ディコンの手紙なのでした。ディコンはこの絵で、秘密は守るよ、といっているのです。ああ、あのおかしな村の男の子。メアリはディコンがほんとうにすきでした！　早く朝が来ればいい、メアリはそう思いました。

けれど、ヨークシャのお天気ほどあてにならないものはありません。とくに春は。その夜メアリは、まどをたたくはげしい雨つぶの音で目をさましました。メアリはベッドの中で身を起こし、はげしい雨と、ふきあれる風の音に耳をかたむけました。

「雨は、むかしのわたしより、もっとつむじまがりだわ。わたしがふってほしくないと思

ったから、ふっているんですもの。」

メアリは、またねようとしましたが、ねむれませんでした。泣いているような風の音が耳について、ねむれないのです。それはメアリ自身が泣きたいからなのでした。

「ほんとうにひどい風の音！　まるでだれかが泣きながら歩きまわっているみたいだわ。」

メアリはつぶやき、ねがえりをうちました。そうやって一時間ほどもベッドの中であちらをむいたりこちらをむいたりしていたでしょうか、メアリはとつぜん起きあがり、とびらのほうを見つめて耳をすましました。ほら、あの音――。

「風じゃあないわ。」メアリは低い声でいいました。「風の音じゃあない。ちがうわ。いつか聞いた泣き声よ。」

メアリの部屋のとびらはあいており、その音はろうかのむこうから聞こえていました。どこか遠くで、だれかが、おこったように泣いているのです。だれの声か調べなければ、とメアリは思いました。この声は、秘密の花園よりももっと大きななぞでした。

「行って、あれがなんなのか、調べてみるわ。みんなねているし、メドロックさんがなんていっても、わたしはかまわない……、かまやしないわ！」

ベッドの横にろうそくがおいてありました。メアリはそのろうそくを持って、部屋を出ました。

ろうかはとても暗く、長くつづいていました。遠くから聞こえる泣き声が、道案内になります。さあ、ここでまがるんだったでしょうか？　そう、たしかにここです。ここを左にまがり、大きな階段を二段あがってから、こんどは右にまがる。ほら、いつかメドロックさんが出てきた、かべかけの後ろのとびらがあります。

メアリはそのとびらをそっとおしてひらき、とおりぬけてからまたしめました。ここに立ってみると、泣き声ははっきり聞こえます。左手のかべのむこうから聞こえるようです。一、二メートル先にとびらがあり、下のすきまから明かりがもれていました。だれかがその部屋の中で泣いているのです。まだ子どものようでした。

メアリはとびらのところに行って、おしあけ、中に入りました。

そこは大きな部屋で、むかし風のきれいな家具がおいてありました。暖炉の火がわずかに赤く、明かりはベッドのそばにおいてあります。彫刻のある四本柱のベッドは上から絹の布がかけてあり、そこに男の子がねていて、おこったように泣いていました。

メアリは、これはほんとうのことなのか、それとも自分はまたねむって、いつのまにか夢を見ているのだろうか、と考えました。

男の子は象牙色の、するどい、さわればこわれてしまいそうな美しい顔で、大きすぎるほどの目をしていました。まき毛がたっぷりと額にかかり、そのせいで、ほっそりした顔がますます小さく見えました。病気のように見えましたが、泣いているのは、いたいからというより、たいくつでおこっているからのようでした。

メアリはそろそろと部屋を横切りはじめましたが、近づくにつれて、ろうそくの光がゆれ、それが男の子の目をひきました。男の子はこちらをふりむき、メアリを見つめました。灰色の目が、信じられないほど大きく見ひらかれました。

「あなたはだれ？」男の子はこわごわささやきました。「おばけなの？」

「ちがうわ。わたしはおばけじゃあないわ。あなたは？」

メアリのささやく声もふるえていました。男の子はメアリの顔を穴のあくほど見つめつづけました。なんとふしぎな目なのだろう、メアリはそう思わずにいられませんでした。メノウのような灰色で、長く黒いまつげにかこまれているために、小さな顔には大きすぎるように見えました。

男の子はこたえました。

「ぼくはおばけじゃない。ぼくはコリンだ。」

「コリンって、だれ？」

「コリン・クレイブン。きみは？」

「メアリ・レノックス。クレイブンさまは、わたしのおじさまよ。」

「あの人は、ぼくのお父さまだ。」

「お父さま！　クレイブンさまに子どもがあるなんて、だれも話してくれなかったわ！」

「ここへ来て。」

　男の子がいいました。メアリがベッドのそばに行くと、その子は手を出して、メアリにさわりました。

「きみはほんとうの人間だね。ぼくは、ほんとうみたいな夢をしょっちゅう見るんだ。きみも夢の中の人かもしれないと思った。どこから来たの？」

「わたしの部屋から。風があんまりふきあれるから、ねむれなくて起きていたら、泣き声が聞こえたので、だれだろうと思って、見にきたの。なぜ泣いていたの？」

「ぼくもねむれなかったし、頭がいたかったからさ。もういちど名前をおしえて。」

　その子はようやく、メアリがほんとうの人間だと思いはじめたようです。

「メアリ・レノックス。わたしがこの屋敷に来て住むようになったことを、だれもあなた

にいわなかったの？」

「いわなかった。いえないよ。」

「どうして？」

「ぼくがこわがるもの。きみがぼくを見るかもしれないと思って。ぼくは人に見られたり、あれこれいわれるのがきらいなんだ。」

「どうして？」

「だってぼくはいつもこんななんだもの。病気で、ねていなきゃならない。大きくなれば、せむしになるかもしれない。それまで生きていないだろうけれど。お父さまは、ぼくがお父さまみたいになると考えるのがおいやなんだ。」

「まあ、なんておかしな家なの！」メアリはさけびました。「なにもかも秘密ばっかり。部屋に鍵をかけ、庭に鍵をかけて……、あなたをとじこめて。」

「ちがうよ、とじこめられてなんかいない。ぼくは、ここから出るのがいやだから、ここにいるんだ。出ていくと、つかれすぎる。」

「お父さまは、会いにくる？」

「ときどき。たいてい、ぼくがねむっているときに。お父さまは、ぼくに会いたくないんだ。」

「どうして？」

　メアリはまた、聞かずにはいられませんでした。おこっているような暗いかげが、男の子の顔を横切りました。

「ぼくのお母さまは、ぼくが生まれたときになくなったんだ。だからお父さまは、ぼくを見るとつらくなる。お父さまは、ぼくをにくんでいるかもしれない。」

「あのかたは庭をにくんでいる。おくさまがなくなったから。」

　メアリは半分ひとりごとのように、いいました。

「なんの庭？」

　男の子が聞きました。

「ああ、ただの……、ただの庭よ。おくさまがおすきだった庭。」メアリは口ごもりました。「あなたはいつもここにいるの？」

「ほとんどいつも。前には背中(せなか)をまっすぐのばすための、鉄の道具を体につけていたけれど、ロンドンからえらいお医者さまがぼくをみにきて、そんなものはばかばかしいっていったんだ。そんなものはとってしまって、ぼくを外の新鮮(しんせん)な空気の中に出せって。ぼくは新鮮な空気がきらいだ。外には行きたくない。」

「わたしも、はじめてここに来たときは、そうだったわ。どうしてそんなふうに、じっとわたしを見ているの？」

「ほんとうに夢じゃないのかな、と思ってさ。ぼくは、これが夢じゃないといいと思う。」

男の子は、心配そうにいいました。

メアリはきゅうに、あることを思いつきました。

「もし人に見られたくないんなら、わたしに、いなくなってもらいたい？」

男の子は、手をのばしてメアリの上着のすそをつかんでいましたが、それをひっぱって、いいました。

「そんなことはないよ。きみがいなくなったら、やっぱり夢だった、と思うもの。もしきみが夢じゃないんなら、そのいすにすわって話をしてよ。きみのことを話して。」

メアリはろうそくをベッドのそばのテーブルにおいて、クッションをおいたいすにすわりました。

「なんの話をすればいいの？」

いつからミセルスウェイトにいるのか聞きたい、とその子はいいました。それから、メアリの部屋があるのはどこか、いつもなにをしているのか、自分はムーアがきらいだけれど、メアリもムーアはきらいか、ヨークシャに来る前はどこに住んでいたのか――。メアリはそういうことすべてと、そのほかにもたくさん話しました。

その子はまくらによりかかり、じっと聞いていました。インドのこと、大海をこえる船旅のことを、その子はいくらでも聞きたがり、本で読むよりずっとおもしろい、といいました。

本なら、その子はいくらでも持っていました。お父さまは、その子が起きているときにはほとんど来たことがありませんでしたが、それでも、気をまぎらすために、ありとあらゆるすばらしいおもちゃをとどけてくれました。それで気がまぎれたことは、一度もなかったのですが。その子は、ほしいものはなんでももらえたし、いやなことはひとつもやらないでいいのでした。

「だれでも、ぼくが気に入るようにしなければならないんだ。ぼくは、おこると、病気がひどくなるから。だれも、ぼくが大人(おとな)になるまで生きていると思っていないよ。」

その子はあたりまえのことのようにそういってから、メアリに聞きました。

「きみはいくつ?」

「十歳よ。あなたも十歳でしょ。」

メアリはうっかり、そういってしまいました。

「どうして知っているの？」

男の子はおどろいて、聞きました。

「あなたが生まれたとき、庭はしめきりにされて、鍵はうめられたの。それから十年たっているから。」

「どの庭がしめきりにされたの？　だれがやったの？　鍵はどこにうめられたの？」

コリンは体を起こし、ひじをついて、メアリのほうにむきなおりました。

「クレイブンさまがおきらいな庭よ。クレイブンさまが鍵をかけたの。その鍵がどこにうまっているかは、だれも……、だれも知らないわ。」

「それは、どんな庭？」

「だれも入っていないのよ、もう十年も。」

メアリは気をつけて返事をしました。でも、おそすぎました。秘密の花園のなぞは、たいくつしていたメアリをとりこにしたとおなじように、たいくつしていたコリンをとりこにしてしまいました。コリンはつぎつぎにたずねました。それはどこにあるのか、メアリはそのとびらを探してみたことはないか、庭師にたずねたこともないのか、と。

「庭師はその話をしないわ。聞かれても、こたえてはいけないといわれているみたい。」

「ぼくなら、こたえさせられる。」

「そうなの？」

メアリは、心配になって、口ごもりました。もしコリンがこたえを聞いてしまったら、なにが起こるかわかりません！

「だれでも、ぼくが気に入るようにしなければならないんだ。ぼくが聞けば、庭師はこたえるよ。」

メアリはなんとかして、この子に庭のことをわすれさせようと、聞きました。

「あなたは、自分が長く生きられないと思っているの？」

「うん。」コリンは、前とおなじくあっさりといいました。「生まれてからずっと、まわりの人がそういうのを聞いている。ぼくのお医者さまは、お父さまのいとこで、びんぼうなんだけど、ぼくが死ねば、お父さまがなくなったあと、ミセルスウェイトの持ち主になれるんだよ。あのお医者さまは、きっと、ぼくに生きていてほしくないんだ。」

「あなたは生きたい？」

「ううん。」コリンは、おこったような、つかれたようないいかたをしました。「でも、死ぬのはいやだ。気分がわるいときは、ここにねていてそのことを考える。泣いて、泣いて、つかれてしまうまで。」

「わたし、あなたの泣く声を三度聞いたわ。そんなことで泣いていたの？」

コリンは、メアリが聞いたことにはこたえませんでした。

「なにかほかのことを話そうよ。庭のことがいい。きみは、その庭を見たくないの？」

「見たいわ。」

メアリは、とても低い声でいいました。

「ぼくは見たい。」コリンはがんこにいいはりました。「みんなはぼくをよろこばせなきゃならないんだ。庭につれていけといおう。きみもつれていってやるよ。」

メアリは両手をにぎりしめました。なにもかも、だめになってしまいます——メアリは二度と、安全な巣の中のヤドリギツグミのような気持ちにはなれないでしょう！

「ああ、やめて、やめて、やめて、お願いだから！」

メアリは思わずさけびました。コリンは、おどろいてメアリを見つめました。

「なぜやめるの？　きみは、見たいといったよ。」

「いったわ。」メアリは、ほとんど泣きそうになりながらいいました。「でも、もしあなたがとびらをあけさせて、中に入ったら、そこはもう、秘密ではなくなるわ。」

コリンは身をのりだしました。

「秘密？　なんのこと？　話してごらんよ。」

メアリは話しはじめました。ことばがかさなりあってころげ出てくるようでした。

「もし、わたしたちのほかはだれも知らなかったら……、あのとびらのことを、だれも知らなかったら……、わたしたちだけがそれを見つけて、こっそりしのびこんで、あの庭を生きかえらせたら……。」

「そこは死んでいるの？」

「だれも世話をしなかったら、死んでしまうわ。球根は、春が来れば芽を出すけれど、バラは……。」

コリンはまた、メアリに負けないほど興奮して、早口でさえぎりました。

「春が来るの？　どんなふうに？」

「春にはね、お日さまの光が雨にふりそそいで、雨が光にふりそそいで、草の芽が土の上へ出てくるの。もし庭が秘密で、わたしたちがそこへ行けたら、そういう芽が毎日少しずつ大きくなるのを見られるし、バラが生きかえるのも見られるわ。わからない？　ねえ、わからない？　秘密のままのほうが、どれほどすてきか？」

　コリンはまくらによりかかり、じっと考ええました。

「ぼくは、なにも秘密にしたことがない。あまり生きられないだろう、ということのほかはね。みんなは、ぼくがそれを知っていることを知らないんだから、これもまあ、秘密だ。でもぼくは、こっちの秘密のほうがすきだな。」

「もしあなたが、無理にその庭に行かなければ、わたし、たぶん……、きっと、そこへ行く道を見つけられると思うの。そうしたら、わたしたちだけでそこへ行けば、そこはいつまでも秘密の花園だわ。」

「それはいいね。」

　コリンはとてもゆっくりいいました。その目は、夢を見ているようでした。

　メアリは少しほっとしました。コリンが、秘密にしておくという考えを気に入ったようだったからです。

「そこがどんなようすだとわたしが思っているか、話してあげるわね。」とメアリはいいました。「長いあいだしめきりになっていたのだから、木の枝やつるがのびて、からみあっていると思うわ。」

コリンはじっと横になったまま、耳をかたむけていました。メアリは、つるをのばし、木にからみついて、どこまでものびているだろうバラのことや、とても安全なので、そこに巣を作っているだろう鳥たちのことを、くわしく話しました。それから、コマドリとベン・ウェザスタッフのことも話しました。コリンはコマドリの話がとても気に入ったようでした。

「コマドリってそんな鳥なの。ぼくは知らなかった。でも、きみはなんていろんなことを知っているんだろう。まるで、その庭の中にいたみたいだ。」

メアリは、なんといったらいいかわからなかったので、だまっていました。コリンはメアリが返事をするとは考えていず、きゅうにこういって、メアリをびっくりさせました。

「いいものを見せてあげよう。暖炉の上のかべに、バラ色の絹のカーテンがかかっているだろう？　あれにはひもがついている。行って、それをひっぱってごらん。」

メアリはふしぎに思いながら立ちあがり、ひもを見つけました。ひっぱると、絹のカーテンがひらき、絵が見えました。それは、女の人の絵でした。楽しそうな、笑っているようなその目は、コリンの目とおどろくほど似ていました。コリンの悲しそうな、黒いまつげにかこまれているので二倍も大きく見える、メノウのような灰色をした目と。

「ぼくのお母さまだよ。」コリンは、おこったようにいいました。「なぜ死んだのかわからない。ときどきぼくは、死んでしまったお母さまがにくらしくなる。もしお母さまが生きていらしたら、ぼくはきっと、病気なんかじゃあなかったんだ。カーテンをしめてよ。」

　メアリはいわれたとおりにして、いすにもどりました。

「どうしてカーテンをしめておくの？」

「あの人に見られているのがいやなんだ。ぼくが病気で悲しいときにも、あの人が笑っているから。それに、あの人はぼくのものだ。みんなに見せたくない。」

　それからコリンは、いいことを思いついた、というように聞きました。

「きみ、毎日ここに来て、話をしてくれる？　それも秘密に。ひとりになりたいから出ていけといえば、看護婦はいつでも出ていく。きみ、マーサを知っている？」

「よく知っているわ。マーサは、あなたのことを知っているの？」

「うん。よく、ぼくの世話をしにくるよ。看護婦は出かけるのがすきで、そういうときはマーサが来るんだ。」

　これをきいたメアリは、泣き声が聞こえるといったとき、マーサがなぜこまったような顔をしたのかがやっとわかった、と思いました。

「わたし、ここにずいぶん長くいたわ。もう行きましょうか？」

「きみが行ってしまう前に、ねむれるといいんだけど。」

コリンは、少しはずかしそうでした。メアリはコリンがかわいそうになって、いいました。

「目をつぶって。インドにいたとき、乳母がしてくれたことを、してあげるから。あなたの手をそっとたたいて、なぜて、小さな声でなにかうたうの。」

コリンは目をつぶりました。メアリはベッドによりかかり、コリンの手をなでたりたたいたりしながら、インドの静かな歌をうたいました。

しばらくしてメアリが見ると、コリンは黒いまつげをほおに落として、ぐっすりねていました。メアリはそっと立ちあがり、ろうそくをとって、部屋を出ました。

# 14　小さいラジャ

つぎの朝、ムーアは霧(きり)にかくれて見えず、雨はまだふりつづいていました。これでは外には出られません。午後、メアリはマーサを部屋によんで、いいました。

「マーサ。わたし、あの泣(な)き声(ごえ)がなんなのか、見つけたわ。コリンだったわ。」

マーサは泣きそうになりました。

「ああ、メアリおじょうさま、そんなことをしてはいけなかったんですよ！　おかげでわたしは、お屋敷(やしき)からおひまを出されるでしょう！」

「おひまは出ないわ。コリンはわたしに会えたのを、よろこんでいたもの。」

「よろこんだ？　ほんとうですか？」

「ほんとうよ。わたしはコリンの横のいすにすわって、インドのことや、コマドリや庭の話をしたの。コリンは、お母さまの絵も見せてくれたわ。」

マーサはおどろいて、口をあけました。

「そんなこと、信じられませんよ。もしこのことをメドロックさんに知られたら、わたしがいいつけにそむいておじょうさまに話をしたと思われます！」

「コリンはメドロックさんになにも話さないわ。しばらくは秘密にしておくの。それより、コリンはわたしに、毎日来て、話をしてくれって。」

「へえ！」

マーサはまだ信じられないようでした。メアリはかまわず聞きました。

「コリンはどこがわるいの？」

「だれもよく知らないんです。クレイブンさまは、おくさまがなくなったせいで、気が変にでもおなりになったのか、生まれた赤ちゃんを見ようとなさらず、自分とおなじせむしがもうひとりできただけだ、そんな子は死んだほうがいいんだとおっしゃって。」

「コリンはせむし？　そんなふうに見えないけれど。」

「まだです。」と、マーサはいいました。「でもぼっちゃまのお背中が弱いといけないというので、いつもねてばかりいるように、みんなで気をつけているんです。一度、ロンドンからいらしたりっぱなお医者さまが、コリンさまに必要なのは薬よりも新鮮な空気だとおっしゃったのですが……。」

「マーサは、コリンが死ぬと思う？」

「母さんがいうんです、子どもが新鮮な空気もすわず、ただねて、薬を飲んでいるだけでは、生きられなくてもしかたがないって。」

メアリはいすにすわり、暖炉の火を見つめました。

「コリンは、外に出て木や草の芽がのびるのを見たら、元気にならないかしら？」

「ぼっちゃまがいちばんひどい発作を起こしたのは、噴水のそばにバラが咲いたので、そこへおつれしたときでした。なにも知らない新しい庭師がとおりかかり、ぼっちゃまをめずらしそうに見たんです。ぼっちゃまは、庭師が見たのは自分がもうすぐせむしになるからだとおっしゃって、ひどいかんしゃくを起こしました。もう夜じゅう泣いて泣いて……。」

そのとき、マーサをよぶベルが鳴りました。マーサはすぐ部屋を出ていきましたが、十分ぐらいいすると、けげんそうなようすでもどってきました。

「おじょうさまはぼっちゃまに魔法をかけたんですか？　わたしをよんで、こうおっしゃいましたよ、『メアリ・レノックスをよんでほしい。このことはだれにもいうな』って。」

メアリが行ってみると、コリンはビロードのガウンを着て、大きな絹のクッションによりかかっていました。

「朝からずっと、きみのことを考えていたんだ。」

　コリンはいいました。

「わたしもよ。マーサがどんなにこわがったか、知らないでしょう？　メドロックさんが、マーサにひまを出すにちがいないと思って。」

　コリンは顔をしかめました。

「マーサをよんでよ。つぎの間(ま)にいるから。」

　メアリはマーサをつれてきました。マーサはかわいそうに足がふるえているようでした。

　コリンはまだ、顔をしかめています。

「おまえは知っているだろう？　召使(めしつか)いはみんな、ぼくがよろこぶようにしなければいけないんだぞ。」

「よく知っております。」

　マーサはまっ赤になって、口ごもりました。

「それなら、ぼくがおまえにメアリ・レノックスをよびにいかせたからって、メドロックさんがおまえにひまを出せるのか？　そんなことをしたら、ぼくがメドロックさんにひまを出す。おまえは心配しなくていい。さあ、さがってくれ。」

　若いクレイブンさまは、重おもしくいいました。

　マーサがとびらをしめたあと、メアリは思わずいいました。

「あなたはまるで、わたしがインドで見た男の子にそっくりよ。その子はラジャ（インドの王さま）だったの。体じゅうにルビーとかエメラルドとかダイアモンドとかをつけていて、ちょうど今のあなたのような話しかたをしていたわ。だれもかれも、その子のいうことを、すぐやらなければいけない……、もしやらなかったら、ころされるんだったはずよ。ほんとうに、あなたとディコンは、ぜんぜんちがうわ。」

「ディコンってだれ？　おかしな名前だな！」

「ディコンはマーサの弟で、十二歳よ。ディコンが笛をふくと、動物たちがよってきて、聞くの。一度なんか、コマドリと話をしていたわ。」

　コリンはクッションによりかかりました。

「ふーん、その子の話をして。」

「ディコンは、たまごや巣のことをなんでも知っているの。ムーアのキツネやアライグマやカワウソがどこに住んでいるかも知っているし。でも秘密にして、ほかの子どもたちが穴を見つけて動物たちをおどかさないようにしているわ。」

「その子はムーアがすきなのかな？　あんなに広くて、ぞっとするところなのに。」

「ムーアはいちばんきれいなところよ。何千ものきれいな木や草が生えているし、何千もの小さな動物が住んでいて、いそがしく巣を作ったり、穴をほったり、チュクチュク、キーキーいったり、うたったりしているわ。そこがみんなの世界だから。」

「きみはどうしてそんなことを知っているんだ？」

コリンはひじをついて、むきなおりながらいいました。

「ほんとうは、わたし、ムーアに出たことがないの。」メアリはきゅうに思い出していいました。「夜、馬車で走っただけ。ひどいところだと思ったわ。ムーアのことは、はじめマーサが、それからディコンがおしえてくれたの。」

「ぼくはムーアには行けない。」

コリンは、おこったようにいいました。メアリは一分ほどだまっていてから、思いきったことをいいました。

「行けるかもしれないわ……、いつか。」

「ムーアへ行く！　ぼくが行けるとでも思うの？　死んでしまうよ。」

「どうしてわかるの？」

メアリはずばりと聞きました。メアリは、コリンがすぐ死ぬという、そのいいかたがきらいでした。まるでコリンは、自分がもうすぐ死ぬのをじまんしているようなのです。

「ぼくは、思い出せないぐらいむかしから、そういわれているんだ。」コリンはおこったようにいいました。「みんな、ぼくが死ねばいいとも思っているんだ。」

さあ、メアリおじょうさんはすっかりへそをまげてしまいました。メアリは口をへの字に結びました。

「もし、わたしが死ねばいいとみんなが思っていたら、わたしなら、ぜったい死んでやらないわ。あなたが死ねばいいと、だれが思っているの？」

「召使いたち……、それからもちろん、医者のクレイブン先生。お父さまも、ぼくが死ねばおよろこびになると思うな。」

「そんなことないと思うわ。」

メアリがきっぱりといったので、コリンは思わずメアリを見つめました。

「そう思う？」

コリンはいいました。そうしてクッションによりかかり、じっと考えこんだように、動かなくなりました。ずいぶん長いあいだ、コリンはそうしていました。

「ロンドンから来たえらいお医者さまは、あなたが死ぬといったの？」

　メアリは聞きました。

「いわないよ。『この子は、自分で生きようと思えば、生きていますよ。楽しいと思わせてやることですな』っておっしゃったんだ。」

「だれがあなたを楽しいと思わせられるか、おしえてあげるわ。ディコンよ。ディコンはいつでも、生きているものの話をするわ。ねえ、わたしたちも、死ぬことを話すのはもうやめましょう。生きる話をしましょうよ。ディコンの話を。」

　そうしてメアリは、話しはじめました。ムーアの小さな家で、一家十四人が暮らしている話、野生の小馬みたいにムーアの草を食べてふとる子どもたちの話、ディコンのお母さんの話やなわとびの話。晴れた日のムーアのこと、黒い土からつき出てくるうす緑の芽のことも。

　生きているもののことばかり、メアリは話しつづけました。こんなに話したのははじめてでした。コリンのほうも、こんなに話したり聞いたりしたことはありませんでした。二人とも、とても楽しくなって、なんでもないことがおかしくてたまらず、大笑いしました。

笑っている二人は、どこにでもいる元気な十歳の子どもたちと少しも変わらず、だれにもかわいがられないいじっぱりの小さな女の子と、自分は死ぬのだと信じている病気の男の子には、見えませんでした。

あまり楽しかったので、二人は絵を見ることも、時間のこともわすれていました。ベン・ウェザスタッフとコマドリのことで大笑いしていたとき、コリンが、きゅうに思い出したようにいいました。

「今までちっとも気がつかなかったけれど……、ぼくたちは、いとこどうしだよ。」

いろんな話をしたのに、こんなことに気がつかなかったなんて、とてもおかしなことでした。だから二人はまた、前よりもっと笑いだしました。もう、なんでもおかしい、という気持ちだったのです。

そこへ、きゅうにとびらがあいて、医者のクレイブン先生が入ってきました。笑い声におどろいたクレイブン先生は、思わず立ちどまりました。

「いったいどうしたんだい？　なにがあったんだ？」

クレイブン先生はいいました。たちまちコリンは、インドの小さいラジャそっくりになりました。

「ここにいるのは、ぼくのいとこのメアリ・レノックスです。ぼくがよんで、来てもらったんだ。」

クレイブン先生はとまどったように頭をふりながら、コリンのわきにすわって、脈をとりました。

「興奮しすぎたようだな。興奮してはよくないよ、コリン。」

「メアリを追い出したりしたら、ぼくは興奮するよ。」コリンはいいました。「ぼくはいつもより気分がいい。メアリがなおしてくれたんだ。看護婦にいって、メアリのお茶もここに運ばせてよ。ぼくはメアリといっしょにお茶にする。」

クレイブン先生は長くはいませんでした。部屋を出ていくとき、先生はメアリをちらりと見ていきました。がんこで無口そうな、この子のどこがコリンをよろこばせたのか、クレイブン先生にはわかりませんでした。けれどもコリンはほんとうに、元気になっています――クレイブン先生はろうかを歩きながら、深いためいきをつきました。

お茶の用意ができると、コリンはいいました。

「さあ、きみが食べたら、ぼくも食べるよ。このマフィン（丸い小型のイギリスのパン）はあったかくておいしそうだ。今度はラジャの話をしてよ。」

# 15 巣作り

雨は一週間ふりつづき、そのあとにまた、高く青い空がムーアの上にひろがりました。日の光はもうすっかりあたたかくなっています。この一週間、メアリは毎日何時間もコリンの部屋ですごし、ラジャや、庭や、ディコンやムーアにある家の話をしました。でも花園の秘密は、まだ話していませんでした。その前に、コリンに秘密をうちあけてもだいじょうぶかどうか、たしかめなければなりません。

「あなたはなぜ、人に見られるとおこるの？」

ある日メアリは聞きました。

「小さいときからきらいだった。だれもがぼくを見て、ささやくんだ。ぼくが長くは生きられないだろうってさ。ぼくのほおをそっとたたきながら、『かわいそうな子』なんていう人までいるよ。そんなの、大きらいだ。」

コリンは顔をしかめました。メアリは、思いきって聞いてみました。

「コリン、もし……、もし男の子があなたを見たら、いやだと思う？」

「ひとりだけ……。」コリンは考え考え、ゆっくりといいました。「ひとりだけ、見られてもいい子がいるな。あの、キツネがいるところを知っている子……、ディコンさ。」

「ディコンになら、見られてもきっと気にならないわ。動物だって平気なのだから。」

「そうだね、ぼくは動物の子どもみたいだ。」

コリンはいって、笑いだしました。これで、ディコンのことは心配しないでよくなりました。


雨があがり、青空がひろがった最初の朝、メアリはとても早く目をさまして、まどをあけました。新鮮な、いいにおいの風がさっとふきこんできます。ムーアはどこまでも青く、世界じゅうが、なにかの魔法にかかっているように見えました。やわらかい、小さな笛のような音がいたるところから聞こえ、まるで何百羽という鳥が、音楽会のために音あわせをはじめたようでした。

メアリは朝食がすむまで待てませんでした。くつしたのまま階段をかけおり、ホールで

靴をはき、とびらをあけて階段をとびおりると、そこはもう草の上でした。草はこの一週間のあいだに緑色に変わり、あまくやわらかいにおいが、あたりに立ちこめています。ふりつづいたあたたかい雨が、庭に魔法をかけていったのでした。

つたのかげのとびらの前に来たとき、メアリは、びっくりさせられました。かべの上でカラスが鳴いたのです。見ると、青黒い羽をつやつやと光らせた大きな鳥が、かしこそうな目でメアリを見おろしています。カラスはそのまま羽をひろげて花園のおくのほうへ飛んでいきましたが、メアリが花園の中に入ってから見ると、ヒメリンゴの木にとまっていました。そして、その木の下でせっせと働いているのは、ディコンでした。

「ディコン、ディコン！　早いのね！　まだお日さまが出たばかりよ！」

メアリがかけよると、ディコンは笑いました。目の色が、まるで空のようでした。

「やあ、どうしてねてなんかいられる？　世界じゅうが今朝、目をさましたのに。お日さまが顔を出したとき、ムーアは大よろこびしたんだよ。おれも、うれしくて、さけんだり、うたったりしながら走って走って、まっすぐここに来たんや！」

ふさふさしたしっぽの動物が木の下から立ちあがり、近づいてきました。カラスは一声鳴いてから、飛んできて、ディコンの肩にとまりました。

「これはキツネの子で、キャプテンっていうんや。それで、この鳥はカラスのスス。ぼくといっしょにムーアを飛んできた。キャプテンは、犬みたいについてきたんだよ。」

キャプテンもススも、メアリを少しもこわがりませんでした。ディコンがススを肩にとまらせたまま歩きはじめると、キャプテンもついてきました。

秘密の花園は、どこもかしこも緑の芽であふれているようでした。そうして、その上に、もっとうれしいことが重なったのです。

なにかが、かべをこえてさっと飛んできて、かたすみの、木のしげったあたりに飛びこみました。小さなほのおのような、胸の赤い鳥で、くちばしになにかくわえています。ディコンはさっと身をかたくして、メアリの肩に手をおきました。

「動いちゃだめだよ。」ディコンはいいました。「息もしないほうがいいぐらいや。この前見たとき、あの鳥はおくさんをよんどった。ベン・ウェザスタッフのコマドリが、巣を作ろうとしとるんや。ぼくたちがおどかさなければ、きっとここに作るよ。」

メアリとディコンはそっと草の上にすわり、動かないように気をつけました。

「おれたちが見ていると思われないようにしなけりゃ。少しでもじゃまされそうだと思ったら、逃げていってしまう。これがすんでしまうまで、いつものあの鳥とはちょっとちがうんや。家族を守るつもりになっとる。前よりこわがりになるし、なんでもわるくとる。遊びにきて、人間とおしゃべりをするひまはないんや。しばらくしたら、おれがチュクチュクいって、じゃまするつもりはないことをおしえてやろう。」

ディコンはほんとうに静かにすわっていました。そうして低い低い声で話すのですが、それでもちゃんと聞こえました。

「春っていうのは、いろんなもんでできとるけど、小鳥たちの巣作りも、春をつくる大切な道具の一つなんや。たぶん、世界がはじまったときからずっと、こうやっとるんやね。鳥たちには鳥たちの考えややりかたがあって、ほかの者がじゃましたらいけんのや。春には、ほかのどの季節より、友だちをなくしやすいんだよ。」

「あの鳥の話をすると、どうしても見てしまうわ。」メアリは、できるだけ声を落としていいました。「ほかのことを話さなくちゃ。聞いてほしいことがあるのよ。」

「なに？」

「えーと……、コリンっていう子のことを知っている？」

メアリがささやくと、ディコンはふりむいて、メアリをじっと見つめました。

「きみは、なにを知っとるの？」

「わたし、コリンに会ったの。この一週間、毎日、コリンと話をしていたわ。わたしがいると、コリンは、病気のことや死ぬことを考えないでいられるんですって。」

メアリがいうと、ディコンの丸い顔からおどろきの色がきえて、心からほっとしたのがわかりました。

「よかったなあ。ほんとうによかった。ほっとした。おれは、コリンのことを少しでも話してはいけないことになっていたんだけど、かくしごとは、おれはすかん。」

「秘密の花園のことをかくしておくのは？」

「その話はだれにもしない。でも、母さんにはいうたよ。母さん、おれ、秘密ができた。わるい秘密じゃない。それは母さんにはわかるよね。鳥の巣がどこにあるかいわんのとおんなじだけん、母さん気にせんよね、って。」

「で、母さんはなんていった？」

ディコンはにっこりしました。

「おれの頭をぐっとこすって、笑いながらいうたよ。すきなだけ、秘密におしよ。おまえのことなら、もう十二年も知っとるけん、って。」

「あなたはどうして、コリンのことを知っているの？」

「クレイブンさまを知っとる人はみんな、クレイブンさまには男の子がいて、その子はせむしになりそうで、クレイブンさまはその話をされるのがきらいだ、って知っとるよ。きみはどうして、コリンのことを知ったの？」

そこでメアリは、あの夜のことを話しました。ディコンは首をふりました。

「ぼっちゃまの目は、お母さんにそっくりなんだって。ただ、お母さんの目は、いつも笑(わら)っていたんだってさ。クレイブンさまは、その目を見るのがつらいので、ぼっちゃまが起きておいでのときは、会いにいかないんだ。お母さんそっくりの目が、ちっとも笑わないで、ひどく悲しそうにしとるけん。」

「ねえ、クレイブンさまは、コリンが死ねばいいと思っておいでなのかしら？」

「そうじゃないだろ。でもぼっちゃまが生まれなければよかった、とは思っていらっしゃる。母さんがいうには、子どもにとって、こんなにわるいことはこの世にないって。」

「コリンは、自分がいつかせむしになるだろうと思っているのよ。背中(せなか)にこぶが出てくるのがわかったら、気が変(へん)になって、さけんでさけんで、死んでしまうだろうって。」

「へえ、そんなことを考えながらねとるの。それじゃあ、とても元気になんかなれんよ。」

そばの草の上にねそべっていたキツネが顔をあげて、なでてよ、というようにディコンを見ました。ディコンはうつむいて、その首をやさしくなでながら、しばらくだまって考えていましたが、そのうち顔を上げて、花園を見まわしました。

「もしぼっちゃまがここに来たら、背中にこぶが生えるのを待ってなんかいないと思うな。そのかわり、バラの枝でつぼみがひらくのを待つさ。ぼっちゃまを車いすに乗せて、ここにつれてきてあげられるだろうか？」

「わたしもおなじことを考えていたの。」メアリはいいました。「コリンは秘密を守れるかしら、わたしたち、だれにも見られずにコリンをここへつれてこられるかしらって。」

ディコンはキャプテンの背中をかきながら、いっしょうけんめい考えていました。

「ぼっちゃまにとって、これはぜったいいいことだ。きみとおれは、ぼっちゃまが生まれなければよかったなんて、思うとらんけん。」

「コリンはいつも部屋の中でねていて、背中のことを心配しているので、どこかおかしくなっているのよ。でもここの話を聞くのはすきだわ。ここを見たいっていってたわ。」

「よし、つれてきてあげよう。車いすは、おれがおすけん。」ディコンはきゅうに、また声を落としていいました。「あのコマドリがどれほど仕事をしたか、見えるかい？　ほら、今はあの枝にとまって、口にくわえた小枝をどこにおいたらいちばんいいかって考えとるんだよ。」

ディコンは低く口笛をふきました。コマドリは首をかしげて、小枝をくわえたまま、なんですか、というようにディコンを見ています。ディコンはそのコマドリによびかけました。

「その枝なら、どこに使ってもだいじょうぶだよ。おまえは、たまごから出てきたときにはもう、巣の作りかたを知っとったんだけん。さあ、いそいでおやりよ。遊んでいるひまはないやろ。おまえはわかっとるよね、おれたちはおまえのじゃまはしないって。おれたちも、まあどっちかっていうと動物みたいなもので、ここに、巣を作っとるんだよ。いいかい、だれにも話したらだめだよ。」

コマドリは、小枝をくわえていたので、返事はしませんでした。そのかわり、しげみのほうへ飛んでいきながら、露のような黒い目をきらっとかがやかせました。だいじょうぶ、秘密はけっしてもらさないよ、といっている目でした。

## 16 「来ないわよ！」と、メアリはいいました

その朝、メアリはすっかりおそくなってから部屋にもどりました。食事のあとは、またすぐ庭にもどるつもりだったので、コリンのところには行かれないと、マーサにつたえてもらいました。マーサは、コリンがどれほどおこるかと、おびえたような顔をしましたが、メアリはとりあいませんでした。メアリは、ほかの人ほどコリンをこわがってはいませんでしたし、人のために自分ががまんをするつもりなどありませんでした。

その日の午後は、仕事もたくさんありました。

「そのうちここは、」とディコンは、せっせと働(はたら)きながらいいました。「上を見ればリンゴの花とサクラの花、下を見れば花のじゅうたん、っていうようになるよ。」

二人が働いているそばを、コマドリとそのおくさんが小さな稲妻(いなづま)のように、行ったり来たりしていました。ススはときどき森から帰ってきては、カアカアと鳴いて、自分がして

きた冒険の報告をしました。ディコンがすぐに返事をしないと、ススはディコンの肩にとまり、大きなくちばしでディコンの耳をそっとひっぱりました。

日がかたむいて、金色の光がななめにさしこんでくるころ、二人はあしたも日が出たらすぐ来るとやくそくして、わかれました。

メアリは走って屋敷に帰りました。ディコンのつれてきたキツネの子とカラスのことや、春になって木や草がどうなったかを、コリンに話したくてたまりませんでした。

ところが、コリンの部屋へ行ってみると、コリンはベッドに横になっていて、メアリが入っていっても、こちらをむきませんでした。すべりだしがうまくいかなかったので、メアリはぎこちなくベッドに近づいて、聞きました。

「どうして起きていないの？」

「朝から待っていて、つかれた。きみ、なぜ来なかったのさ。」

「ディコンと庭で働いていたんだもの。」

コリンは顔をしかめて、しぶしぶこちらをむきました。

「きみがぼくのところに来ないで、その子とばかりいっしょにいるなら、ぼくはその子に、この屋敷に来るなと命じるぞ。」

メアリはたちまち、かっとなりました。といっても、さわぎたてるわけではありません。メアリには、メアリのやりかたがありました。むっとして、つむじをまげてしまったら、あとはどうなろうと、自分のしたいようにしかしないのです。

「もしあなたがディコンを追い出したら、わたしは二度とこの部屋へは来ないわ！」

「来なきゃならない。ぼくがよぶから。」

「来ないわよ！　たとえひっぱってこられても、一言だって口をきかないから！」

ほんとうにどっちもどっちの、おにあいの二人でした。

「きみは自分かってだ！」

「じゃあ、あなたはなんなの？　自分かってな人が、よく、人にそういうのよ！」

「ちがうぞ！　ぼくは、きみのすてきなディコンほど自分かってじゃない。ディコンは、ぼくがひとりぼっちだというのに、きみといっしょにどろ遊びしていたじゃないか！」

コリンがどなると、メアリもどなりかえしました。

「ディコンほどいい子は、この世にいないわよ！　ディコンは、ただのラジャよりりっぱよ。千倍もりっぱだわ！」

　二人のうちで、強いのはメアリでした。しばらくすると、いいまかされたコリンはベッドの中で上をむき、目をとじました。大きななみだがあふれてきて、ほおをすべり落ちました。なんだかとても自分が——ほかのだれでもありません——かわいそうに思えてきました。

「ぼくはきみほど自分かってじゃない。だってぼくはいつも病気で、そのうちきっと、背中にこぶができるんだから。それに、そのうち死ぬんだから。」

「死なないわよ！」

　メアリは少しも同情しないで、いいかえしました。

　コリンはかっとして、目を大きくひらきました。自分が死なないなんて、聞いたことがありません。コリンはふんがいもし、ほんの少し安心もしました。そんなことが一度にできるとして、ですけれど。

「死なないって？　ぼくは死ぬんだ！　だれでもそういうんだぞ。」

「そんなこと、わたしは信じないわ！」メアリはいじわるく、いいました。「あなたはただ、みんながこまればいいと思って、そういっているだけよ。それがじまんなのよ！」

　コリンは、あまりおこったので、すっくと起きあがってしまいました。

「この部屋から出ていけ！」

コリンはどなって、まくらをつかみ、メアリになげつけました。まくらはメアリの足もとに落ちましたが、メアリはまるで、くるみわりみたいに口をきっと結びました。

「出ていくわ。二度と来るものですか！」

メアリはそのままとびらのところまで行き、そこでふりかえって、いいました。

「とってもいい話をしてあげようと思っていたのに。ディコンはキツネとカラスをつれてきていたのよ。でも、もうなんにも、ぜったいに話さないから。」

メアリは勢いこんで出ていきました。けれど、背中でとびらをしめたとたん、そこに看護婦がいて、しかも笑っているので、おどろいて立ちどまりました。

「なにを笑っているの？」

メアリが聞くと、看護婦はこたえました。

「あなたたち二人のことをね。あのいやらしいわがままっ子には、こんないい薬はないわ。あの子に負けないほど自分かってでわがままな子に、口ごたえされたなんてね。」

「コリンは死ぬの？」

「知りません。わたしにはどうでもいいことですもの。ぼっちゃまの病気の半分は、ヒステリーとかんしゃくですよ。」

「ヒステリーって？」

「このあとの、ぼっちゃまのあれっぷりを見れば、分かりますよ。」

看護婦はいいました。

メアリがぷんぷんしながら部屋へもどってくると、おどろいたことに、クレイブンさまからのおくりものがとどいていました。マーサが、箱をあけるのをてつだいました。箱から出てきたのはきれいな本で、しかも、そのうちの二さつは、庭の本でした。絵がいっぱいありました。そのほかに、ゲームが二つ三つ、それに、金文字のついた箱に入ったきれいな金ペンとインクつぼのセットがありました。

どのおくりものもとてもすばらしかったので、メアリは、おこっていたのをわすれそうになりました。クレイブンさまが自分のことをおぼえているとは思っていなかったので、いこじなメアリの心も、なんだかとてもあたたかくなりました。

もしまだコリンとなかよしだったら、すぐにコリンのところに飛んでいき、このプレゼントを見せて、いっしょに遊べたでしょう。そうすればコリンも、自分が死ぬだろうと考えたり、こぶができていないかと背中にさわったりするのをわすれたでしょう。

コリンが背中をさわるのを、メアリは見ていられませんでした。なんだかこわくなるのです。コリンがいうには、もしほんの小さなこぶでもできはじめたら、もうおしまいなのだそうでした。コリンはそう信じていました。

　コリンはメアリにだけ、こんなことをいったことがありました。かんしゃくを起こしてさわぐのは、気が変になるほどこわくて、さわがずにいられないからなのだ、と。それを聞いたとき、メアリはコリンがかわいそうになったものでした。

「コリンがあのことを考えはじめるのは、おこっているか、つかれたときだわ。」メアリはひとりごとをいいました。「そうして今日、コリンはおこっていた。もしかするとコリンは、午後じゅう、あのことを考えていたのかもしれないわ。」

　メアリはじっと立ったまま、目を床に落として、考えました。

「わたしは、二度と来ないっていったわ。でも、あした、ほんのちょっと行ってみようかしら。」

# 17 かんしゃく

その夜のことです。おそろしい音がして、メアリは思わずベッドから飛びだしました。いったい、なんの音でしょう？　いいえ、それは、メアリのよく知っている音でした。とびらがあいて、またしまる音、ろうかを走る音、だれかが泣きながらさけんでいる声。

「コリンだわ。コリンがかんしゃくを起こしている。看護婦がヒステリーといっていた、あれよ。聞いていると、こわくなるわ。」

　メアリは耳を手でおおいました。メアリまで、体がふるえてきそうでした。でも、耳をいくらおさえても、泣きさけぶ声はどうしても聞こえてきます。メアリは、その声を聞いているのがいやでたまりませんでした。こわくもありました。

　あまりいやで、こわかったので、メアリはきゅうに、おこりたくなってきました。自分もかんしゃくを起こして、コリンをこわがらせてやりたくなりました。メアリは耳から手

をはなし、勢いよく立ちあがって、足をふみならしながらさけびました。

「コリンをやめさせなくちゃ！　だれかがコリンをぶたなくちゃ！」

ちょうどそのとき、看護婦がかけこんできて、いいました。

「ぼっちゃまがヒステリーを起こしておいでで、ほっておくと、けがをなさいます。だれもとめられないんです。おじょうさま、いらして、おとめしてみてください！」

メアリはいそいでろうかをかけていきました。金切り声が近くなればなるほど、メアリのつむじもまがってきました。メアリはバタン！　ととびらをおしあけ、そのままベッドにかけよって、どなりつけました。

「やめなさい！　やめなさいったら！　あんたなんか大きらい！　みんな、あんたなんか大きらいよ！　あんたなんか、わめきすぎて死ねばいいのよ！」

やさしい、いい子だったら、けっしてこんなことはいわなかったでしょう。でもメアリは、そうどなっていました。そうして、それまでだれにもしかられたことのなかったコリンには、これがすばらしい薬になったのでした。

「もう一声わめいたら、わたしもわめくわよ。」メアリはまたどなりました。「あんたよりずっと大きい声でわめいてやる。そうしてあんたをぞっとさせてやるから！」

コリンはびくっとして、わめくのをやめました。メアリがこわかったのです。あまり泣きわめきすぎて、コリンはほとんど息がつまりそうになっていました。

「とめられないんだ！」

コリンはあえぎ、すすり泣きました。

「とめられるわよ！　あんたの病気の半分は、ヒステリーとかんしゃくなんだから。ヒステリーよ、ただのヒステリー、ヒステリー、ヒステリー！」

メアリにどなられたコリンは、息をきらしながらさけびました。

「こぶができたんだ！　さわったら、こぶがあった！　もうすぐぼくは死ぬんだ！」

「こぶなんかないわよ！」メアリははげしくいいかえしました。「さあ、見てあげるから、背中を見せて！　看護婦さん、コリンの背中を今すぐわたしに見せてちょうだい！」

「ぼっちゃまは、さわらせてくださいませんわ、きっと。」

看護婦が小声でいいましたが、コリンがそれを聞きつけて、しゃくりあげながらいいました。

「見せてやれ！　見ればメアリも分かるんだ！」

やせた小さな背中があらわれました。メアリおじょうさんがかがみこみ、こわい顔をして調べているあいだ、コリンは息をおさえていました。

「こぶなんて、どこにもないわ!」とうとうメアリはいいました。「背骨が出っぱっているだけ。やせているから骨が出ているのよ。コリン、もう一度こぶがあるなんていったら、わたし、笑っちゃうから!」

メアリのこんな子どもっぽいことばがどれほど効き目があったかは、コリンにしか分からなかったでしょう。もしコリンが、自分がなにをこわがっているか、だれかに話すことができていたら——もし思いきってだれかに聞いていたら——、またもしコリンが、大きな暗いお屋敷の中で、わがままな病気の子どもにうんざりしている召使いにかこまれてじっとねていないで、友だちと遊べていたら、そうしたらコリンも、自分の心配や病気が、ほとんどみな自分でこしらえたものだと気づいたかもしれません。でもじっさいにはコリンはただじっとねたまま、自分のこと、自分のいたむ体や病気のことだけを考えながら、何時間も、何日も、何年も、すごしてきたのです。

ところが今、いじわるな女の子がぷんぷんしながら、コリンはそんなにひどい病気なんかではないと、がんこにいいはっています。もしかするとメアリのいうとおりなんだ、とコリンは思いました。

コリンはまたうつぶせになり、ときどきしゃくりあげながら——それが、さっきまでの大あらしのなごりでした——じっとねていました。ただなみだだけが、あとからあとから、まくらにこぼれていきます。コリンは、看護婦に聞きました。

「おまえは、ぼくが、大人になるまで生きられると思う？」

看護婦は、やさしい人ではありませんでしたが、ロンドンのお医者さまのことばをくりかえすことはできました。

「生きられますよ。なるべく、新鮮な空気の中ですごすようになされればね。」

コリンは、泣いてさわいだあとなので、ぐったりしていました。だからやさしい気持ちになったのでしょうか、ほんの少し、メアリのほうに手をのばしました。そうしてメアリのほうも、いいぐあいにつむじがもとにもどりかけていましたから、手をのばしてコリンの手にさわりました。これが、なかなおりでした。

「ぼくも……、ぼくも外に行くよ、メアリ。新鮮な空気もいやじゃあない。もしぼくたちが、あの……、」コリンはあやうく、秘密の花園を見つけたら、といってしまうところでした。「もしディコンが来て、ぼくの車いすをおしてくれたら。」

看護婦がベッドをなおし、コリンとメアリに、ビーフ・ティー（牛肉で作った栄養のあるスープ）を一ぱいずつ作ってくれました。メアリはいすをベッドのわきにひっぱっていって、コリンの手をとり、あくびをしている看護婦にいいました。

「わたしがコリンをねかせるから、あなたは行っていいわ。」

看護婦がよろこんで部屋を出ていったとたん、コリンはいいました。

「ぼく、いってしまうところだった。でも、うまくとめたよ。すてきな話があるっていってたね。もしかしたら、なにか見つけたんじゃない？」

メアリは、コリンの小さなつかれた顔と、ふくれあがった目を見ているうちに、やさしい気持ちになって、そっといいました。

「ええ、そうよ。さあ、おやすみなさい、あした話してあげるから。」

# 18 「ぐずぐずせんで、はよう！」

つぎの朝、朝食を持ってきたマーサがいいました。

「ぼっちゃまは熱がおありですけれど、ごきげんはいいようですよ。『メアリおじょうさまに、どうぞいらしてくださいって、つたえておくれ』って。あのぼっちゃまが、どうぞっておっしゃるなんてね！」

しばらくしてコリンの部屋に来たメアリは、ぼうしをかぶっていました。コリンは青い顔をしてベッドに入っていましたが、メアリを見あげていいました。

「来てくれてよかった。ぼくは体じゅうがいたい。つかれたからなんだ。きみは、どこかへ行くの？」

「すぐ帰るわ。ディコンに会ってくるの。でもすぐ帰るわ。コリン、これはあそこの……、あそこの用事なのよ。」

コリンの顔が明るくなりました。

「そうなの？　ぼく、夜じゅう、庭の夢(ゆめ)を見ていたんだ。」

五分後には、メアリは秘密(ひみつ)の花園でディコンを見つけていました。ディコンはキツネとカラスのほかに、リスも二ひきつれてきていました。

「この二ひきは、ポケットに入れてきた。こいつがクルミで、こいつはカラ。」

ディコンはいいました。二人が草の上にすわると、キツネのキャプテンが足もとに丸くなりました。メアリはリスたちを見ながら、コリンのことを話しました。ディコンは一心に聞いていましたが、メアリが話しおえると、空を見あげ、あたりを見まわしました。

「鳥の声を聞いてみんね。世界じゅう、鳥の声ばっかりで、春が来たから、世界じゅうがよびあっとるみたいだ。それなのに、かわいそうなその子は部屋の中で、こわくてさけびとうなるようなことを考えとるんだ！　そうだよ、おれたちでその子をここへつれてこよう！　ぐずぐずせんで、はよう！」

ディコンは、夢中(むちゅう)になると、ヨークシャなまりまるだしでしゃべります。ふだんは、メアリがわかるように、おさえているのですが。でもメアリはディコンのヨークシャなまりがすきだったので、自分でもしゃべってみました。

「そうだよ、ぐずぐずせんで、はよう！」

ディコンはにんまりしました。メアリがヨークシャなまりをまねしようと口をまげるのが、とてもおかしかったのです。メアリはそんなことにはかまわず、つづけました。

「コリンはあなたに会いたがっとるの。ススやキャプテンにも。わたし、コリンに聞いてみっけん。あしたの朝、ディコンが会いにきてもいいかって。動物たちをつれて。」

しゃべりおわって、メアリは大とくいでした。ヨークシャなまりでこんなに長くしゃべったことはなかったし、とてもうまくできましたから。

「コリンぼっちゃまにも、そんなふうにヨークシャなまりで話しなよ。」ディコンはくすくす笑いました。「ぼっちゃまはぜったい笑うよ。病気の人には笑うのがいちばんって、母さんがいいよったよ。」

「じゃあこれから、ヨークシャなまりでしゃべってくるわ。」

メアリは、せっかくひざの上に来てくれたクルミをそっとおろしてから、コリンの部屋へ行きました。

「きみは花のにおいがする。それからなにか新鮮なにおいも。」コリンは、とてもうれしそうにさけびました。「なんのにおい？　冷たくて、あったかくて、あまいにおいだ。」

「風のにおいよ、ムーアの風の。木の下に、ディコンやキツネやカラスやリスといっしょにすわっとったけんさ。外はどこでん春のにおい、お日さまのにおいがいっぱいよ。」

メアリは、できるだけヨークシャことばで話しました。コリンは笑いだしました。

「きみ、なにをいってるの？　おかしな話しかただな！」

「ヨークシャの感じを、少しだけ、味わわせてあげたのよ。」メアリはとくいになっていいました。「わたしはディコンやマーサほどうまくはしゃべれないけれど、聞いていて、少しは分かる？　あなたはヨークシャっ子なのよ！　はずかしいと思いなさい！」

そうしてメアリも笑いだしました。

話すことはいくらでもありました。コリンはとくに、ディコンが今日乗ってきた、ジャンプという名の小馬のことを知りたがりました。ジャンプは毛のもじゃもじゃした、ムーアに暮らす野生の小馬で、メアリがディコンといっしょに森に走っていくと、とことことかけてきて、ディコンの肩の上に頭をのせました。それからディコンにいわれてメアリのほおにビロードのような鼻づらをおしつけ、小さいひづめをさし出して（あくしゅのかわりです）、あいさつしたのです。

「その小馬はほんとうに、ディコンのいうことがみんな分かるの？」

「そうみたいよ。ディコンがいっていたけど、どんな動物でも、ほんとうに友だちなら、なんでもわかってくれるって。でも、ほんとうの友だちじゃなければだめだって。」

　コリンはしばらく考えてから、いいました。

「ぼくも、だれか友だちがほしいな。でも、ぼくにはいない。人間はきらいだし。」

「わたしのこともきらい？」

　メアリが聞きました。

「ううん。変なんだけど、きみは、すきなぐらいだ。それにディコンも。ぼく、ディコンになら見られてもかまわないよ。」

　コリンはいいました。

「よかった。だって……、だって。」

　メアリはきゅうに、今こそ話をするときだ、という気がしました。そこで立ちあがってコリンに近づき、コリンの両手をとりました。

「コリン、あなたを信じていいかしら？　わたし、ディコンを信用したわ。なぜって、小鳥たちがディコンを信じているから。コリン、あなた、秘密を守ってくれる？」

　メアリがあまりまじめな顔なので、コリンは思わずささやきました。

「守るよ……、守る！」

「そう。あのね、ディコンが明日の朝、ここに来るわ。動物たちをつれて。」

「ほんとう！」

「それだけじゃあないの。」メアリはにこりともしないでつづけました。「わたし、秘密の花園に入るとびらを見つけたわ。」

ふつうの子どもだったら、よろこんで大声をあげたでしょう。でも感じやすいコリンは大きく目を見ひらき、半分泣きながらさけびました。

「ああメアリ、ぼくも見られる？　ぼくは、そこに行けるまで、生きていられる？」

「もちろん見られるわ。ちゃんと生きて、見られるわよ。ばかなことをいわないで。」

メアリはぷんぷんして、いいかえしました。そのいいかたがあまりらんぼうだったので、コリンはすぐわれにかえって、笑いだしました。

メアリは花園のようすを、想像ではなく、ほんとうのことを、話しはじめました。

「わたし、ほんとうは何週間も前から、そこのことを知っていたの。でも話せなかった。だって、あなたが信用できるかどうか、分からなかったんですもの。」

# 19「春が来たの！」

クレイブン先生がコリンのようすを見にきたのは、午後になってからでした。

「どんなぐあいです？」やってきたクレイブン先生はメドロックさんに聞きました。「こんな発作をくりかえすと、そのうちに血管が切れてしまう。」

「それが、先生、」と、メドロックさんはこたえました。「おどろいたことに、あの、コリンさまとおなじぐらいわがままで、つむじまがりのおじょうさまが、コリンさまに魔法をかけたんです。きのうの夜、コリンさまが泣きわめいていたとき、あの子はまるで小さなネコみたいにコリンさまのところに飛んでいって、じだんだをふみながら、さけぶのをやめなさい、と命令しました。コリンさまは、あまりおどろいたのか、ほんとうに泣きさけぶのをやめて、今日の午後は……、まあ、ご自分でごらんください。とても信じられませんよ。」

　コリンの部屋に入っていったクレイブン先生が見たのは、ほんとうに、びっくりするような光景でした。コリンは女の子といっしょに、熱心に本を見ていました。

「この、背の高い青い花……、これをたくさん植えるぞ。」コリンは笑いながら、そう宣言していました。「これは、デル・フィ・ニウムっていうんだ。」

　それから二人は、クレイブン先生に気づきました。メアリはおしだまり、コリンはふきげんになりました。

「きのう、かげんがわるかったそうだね。」

　クレイブン先生は、心配そうにいいました。

「いまはもう、よくなっています。」コリンはこたえました。「ぼくは、車いすで外へ出てみようと思っています。新鮮な空気がすいたいので。」

　クレイブン先生はコリンの脈をとりながら、おや、というようにコリンを見ました。

「きみは、新鮮な空気がきらいじゃなかったのかね？」

「ぼくひとりのときは、いやだ。でも、いとこがいっしょに行くから。それに、ぼくの知っているとても強い男の子が、車いすをおしてくれる。」

　クレイブン先生は、こまったことになったと思いました。コリンにあぶないことをさせたくありませんでした。

「看護婦もつれていかないのかい？　それなら、車いすをおすのは、強くてしっかりした子でなければだめだよ。どこの子だね？」

「ディコンよ。」

メアリがとつぜん、口を出しました。ムーアを知っている人はだれでもディコンを知っているような気がしたのです。あんのじょう、クレイブン先生はにっこりしました。

「ああ、ディコンか。ディコンなら、ムーアの馬に負けないほど強いな。」

「それに、たよりになるわ。ヨークシャでいちばんたよれる子やもん。」

メアリがつい、ヨークシャことばになったので、クレイブン先生は笑いだしました。

「それはディコンにおそわったのかい？」

そんなわけで、今日のクレイブン先生には、することがほとんどありませんでした。下におりてきた先生に、メドロックさんがいいました。

「どうでしたか、先生、お信じになれましたか？」

「たしかに、新しいことが起きたらしい。前よりよくなったことは、まちがいないね。」

クレイブン先生はいいました。

つぎの朝、目をさましたコリンは、うつぶせになり、らくらくと手足をのばしました。いつものコリンなら、目がさめなかったらよかったのに、と思うところです。でも今日はちがいました。目がさめたことがうれしかったし、頭の中は、きのうメアリと立てた計画のことでいっぱいでした。庭に植える草のこと、ディコンのこと、ディコンの動物たちのこと――。考えることがあるのはとてもいい気分でした。そのうえ十分もすると、ろうかを走る音がして、メアリがかけこんできました。さわやかな朝のにおいが、コリンをつつみました。

「外にいたんだね！　草のいいにおいがするよ！」

コリンはさけびました。

「とってもきれいよ！」メアリは、息をきらしながらいいました。「春が来たの！　ほんとうよ、ディコンがそういったもの。」

「まどをあけてよ。金のラッパの音が聞こえるかもしれないよ。」

コリンは笑いながらいいました。半分はうれしくて、半分は自分が考えていることがおかしくて。メアリはすぐにまどをあけました。そのとたん、新鮮な風と小鳥の声が、流れるように入ってきました。

「ほら、新鮮な空気よ。深くすいこんでごらんなさい。ディコンがいってたわ。ムーアの風をすいこむと、いつまでも生きられるような気になるって。」

コリンはなんども、深くすいこみました。すると、なにか新しい、すばらしいことが起きるような気がしてきました。メアリがいいました。

「なにもかも、ひらこうとしているのよ。つぼみも、枝という枝の芽も。それにディコンが、生まれたばかりの子ヒツジを見つけたわ！」

ディコンは三日前に、ムーアのハリエニシダのかげで、死んだ母親のそばにいる子ヒツジを見つけたのです。ディコンはその子ヒツジを上着に包んでだいて帰り、火のそばにおいて、あたたかいミルクを飲ませました。今日ディコンは、ポケットにミルクのびんとリスを入れ、子ヒツジをかかえてムーアを歩きとおして、つれてきたのです。

メアリは、その小さなあたたかい生きものをひざにのせてもらったとき、胸がいっぱいになり、口がきけませんでした。子ヒツジが、赤ちゃんみたいに、わたしのひざにねている！

メアリがそのようすを説明しているとき、看護婦が入ってきて、あいているまどを見てびっくりしたようでした。それまでコリンは、まどをあけるとかぜをひくといいはって、けっしてあけさせなかったのですから。その看護婦にコリンは、すぐにメアリといっしょに食事をするといって、もう一度おどろかせました。

二人分の朝食がテーブルにならぶと、コリンはいちばんラジャらしい声で、看護婦にいいました。

「子どもとキツネとカラスと、リスが二ひきと、生まれたばかりの子ヒツジが、今朝、ぼくに会いにくる。来たらすぐ、ここへとおしなさい。」

ディコンは、そんなに待たせはしませんでした。十分ぐらいたったとき、メアリが手をあげて、いいました。

「聞いて！　ほら、聞こえる？」

コリンは耳をすましました。たしかに聞こえます。カーカーというかすれ声です。

「よく聞いて。メエーという声も聞こえるでしょ、小さいけれど。」

「うん、聞こえる！」

コリンの顔が、まっ赤になりました。

「あれが子ヒツジ。ディコンが来るわ。」

ディコンの靴は、ムーアを歩くのにぐあいのいい、ぶ厚い、ぶかっこうなものでした。その靴の音が、どたどたと近づいてきて、まもなく、マーサがとびらをあけました。

「ぼっちゃま、ディコンと動物たちがまいりました。」

ディコンは、いちばんすてきな笑顔を見せて、入ってきました。生まれたばかりの子ヒツジをだき、小さな赤毛のキツネをつれて。左の肩にはクルミ、右の肩にはススが乗り、コートのポケットから、カラの頭と手がのぞいていました。

コリンはじっと真剣に、ディコンと動物たちを見つめました――生まれてからそれまで、自分とおなじぐらいの年の男の子と話をしたことがなかったので、話すことなど思いつきませんでした。

けれどもディコンのほうは、少しもこまりませんでした。動物にはじめて会うときは、おたがいに相手のことばを知りませんから、ただじっと見つめあうだけです。生きものというのは、みんな、相手がどういうものかわかるまでは、じっと見ているものです。今もおなじことでした。

ディコンはコリンに近づいて、生まれたばかりのヒツジをそっと、コリンのひざにのせました。子ヒツジはすぐに、あたたかいビロードのガウンのひだに鼻をつっこみ、かたい

まき毛のある頭をコリンのわき腹にこすりつけました。

こうなっては、だれもだまってはいられません。

「このヒツジ、なにをしているの？　なにがほしいの？」

コリンはさけびました。

「お母さんがほしいんだ。」ディコンが大きな口をあけて笑いながら、いいました。「少しおなかをすかさせて、つれてきたんだ。ミルクを飲むところを見たいだろうと思って。」

ディコンはポケットからミルクびんを出し、日に焼けた手でそっと、白いふわふわした頭をつかんで、いいました。

「ほら、ここだよ。よしよし、いい子だ。おまえがほしいのはこれだよ。」

ディコンがゴムの乳首を子ヒツジの口におしつけると、子ヒツジは夢中になってすいはじめました。

そのあとはもうだれも、なにを話そうかなどと考えませんでした。ディコンはまず、子ヒツジを見つけたときの話をしなければなりませんでした。

「朝、お日さまがあがったばかりのころだよ。メエエーという小さい鳴き声が聞こえたんだ。生まれたばかりの子ヒツジで、おなかをすかせとるみたいやった。親ヒツジがおったら、おなかをすかせることはないけん、親ヒツジがおらんこともわかった。だけん探したんやけど、いやあ、見つからんかった！　あっちへ行ったりこっちへ行ったり、しまいに、なんかちょこっと白いものが見えたんで、やっと分かったけど。」

ディコンが話しているあいだ、ススはときどきカアと鳴いて意見をのべ、クルミとカラはまどの外の木を探検し、キツネの子はディコンの足もとで丸くなっていました。

それから三人で、花の本をひろげました。ディコンはそこにある花の名を全部知っていました。ヨークシャでのよび名でしたが。

「これはオダマキ。あの花園に、オダマキがたくさん生えているところがあるよ。花が咲いたら、まるで青いベッドみたいに見えるだろうな。その上を白いチョウが飛ぶよ。」

「ぼく、見にいく！　それを見にいく！」

コリンはさけびました。

# 20 「ぼくは生きる、いつまでも！」

コリンは、それから一週間待たなければなりませんでした。かぜをひいたからです。でもそのあいだに、やっておくことがありました。どうやってコリンを、だれにも見つからないように秘密の花園へつれていくかという、その計画をねらなければなりません。コリンも今では、秘密の花園がわくわくするほどすてきなのは、それが秘密だからだ、と思うようになっていました。だから、ぜったいに、だれにも知られてはならないのです。

ある日、庭師の頭のローチさんがコリンの部屋へよばれました。ローチさんが入っていくと、小さいラジャがいいました。

「ああ、ローチさんか。とても大事な用があるんで、来てもらったんだ。」

「はあ、さようで。」

ローチさんは、大事な用というのが、森のナラの木をみな切り倒せとか、果樹園を池に

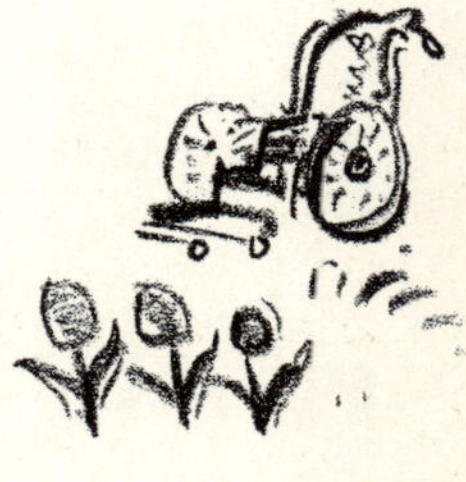

してしまえという命令でなければいいが、と思いながらこたえました。

「今日の午後、ぼくは車いすで外に出る。」コリンはいいました。「外の空気が気持ちのいい日には、毎日出るつもりだ。ぼくが出るときには、庭のかべにそった道のそばにだれも来ないようにしてくれ。ぼくがいいというまで、だれも来ちゃいけない。」

「はい、かしこまりました。ぼっちゃま。」

ローチさんはそういうと、ナラの木も果樹園も無事なので、ほっとして出ていきました。

コリンは満足そうにクッションにもたれかかって、いいました。

「さあ、これで安全だ。今日、ぼくは行くぞ。あそこへ！」

それからしばらく、コリンはひどく静かでした。メアリはふしぎになって、聞いてみました。

「なんて大きな目をしているの、コリン。なにを考えているの？」

「春のことをね。」と、コリンはこたえました。「ぼくはほんとうに春ってものを見たことがないんだ、って考えていた。あの朝きみが、『春が来たわ！』といいながらかけこんできたとき、ぼくはとても変な気持ちになった。なにかが、いちどに、わっと、音楽といっしょにやってくるような気がしたんだ。そんな絵を本で見たことがあるんだよ。大勢の人たちが花輪(はなわ)や花の枝(えだ)を持って、笛にあわせておどったり遊んだりしているんだ。だからあのときぼくは『金のラッパの音が聞こえるかもしれないよ』といってまどをあけてもらったんだよ。」

そこへ看護婦(かんごふ)が入ってきて、コリンのしたくをすませました。下男(げなん)がコリンを階下へ運び、車いすに乗せました。ディコンがもう車いすの横で待っています。下男がひざかけやクッションをきちんとしてしまうと、ラジャは下男と看護婦に手をふっていいました。

「さあ、もう行ってよろしい。」

二人は笑(わら)いだしたいのをがまんして、大いそぎですがたをけしました。

ディコンが車いすを、ゆっくり、しっかり、おしはじめました。コリンは顔をあげて、空を見ました。空はおどろくほど青く、高く、ところどころにういている雲は、羽をひろげてただよっている白い鳥のようでした。ムーアからふいてくるやわらかい風が、ふしぎな、すっきりした野のにおいを運んできます。コリンは胸(むね)いっぱいに、それをすいこみ、耳をすましました。

「うたったり、ブンブンいったりしている声が、ほんとうにたくさん聞こえるね。風が運んでくるこのかおりは、なんだろう？」

「ムーアのハリエニシダが咲いたから、そのかおりだよ。いやあ、ミツバチたちがいそがしくなるぞ。」

ディコンがいいました。三人が進んでいく道には、だれのすがたも見えませんでした。庭師もその子どもたちも、こわがって遠くはなれていたのです。それでも三人は、注意深く立てた計画どおりに、しげみからしげみへまがっていき、とうとう、つたにおおわれたとびらの前に来ました。

「ここ？」コリンはさけんで、かべを熱心に見つめました。「なにも見えないよ。とびらなんかない。」

「わたしもそう思ったの。ほらあそこが、」メアリが大きなライラックのしげみを指さしながら、いいました。「コマドリが土くれの上にとまって、わたしに鍵を見せてくれたところよ。」

コリンは身をのりだしました。

「どこ？　どこ？　ここ？」

メアリは緑のカーテンをおしわけました。

「ああ、ほんとだ、ほんとだ。」

コリンはあえぎました。

「そうしてこれが取っ手。これがとびら。ディコン、おして。早くコリンを入れて！」

ディコンはぐいとひとおし、しっかり、強くおしました。コリンは手を目にあてて、車いすが秘密(ひみつ)の花園の中に入り、とびらがとじてしまうまで、なにも見えないようにおさえていました。

それからコリンは手をはなし、あたりを見まわしました――何度も、何度も。

あたり一面、やわらかい小さな葉の緑のヴェールにおおわれていました。見あげれば、木の枝(えだ)にはピンクや白の雲がかかり、空はやわらかいさえずりやブンブンいう羽音(はおと)でいっぱいです。あたたかい日の光がコリンをつつみ、メアリとディコンはおどろいてコリンを見つめました。いつもは青白い顔や首や手を、うっすらとピンクにそめたコリンは、いつもとぜんぜんちがって見えたからでした。

コリンは思わずさけびました。

「ぼくはよくなる！　きっとよくなる！　メアリ！　ディコン！　ぼくはよくなる！　そうして、いつまでも、いつまでも、生きるんだ！」

# 21 ベン・ウェザスタッフ

　その日の午後、秘密の花園は、コリンのために、春のいちばん美しいすがたを見せてくれたようでした。コリンは、花ざかりのサクラの木の下にとめた車いすにすわって、メアリとディコンが仕事をするのをながめました。ときどき二人は、ひらきかけたつぼみやヒナがかえったあとのたまごのカラなどを持ってきて、コリンに見せました。

「コマドリが見られる？」

　コリンがいうと、ディコンはこたえました。

「待っとればね。たまごがかえれば、チビさんたちのせいで、コマドリは頭がくらくらするほどいそがしくなる。うちの母さんは、えさをくわえて行ったり来たりするコマドリにくらべれば、自分はお屋敷のおくさまぐらいらくちんだ、いいよるよ。」

　そのいいかたがおかしかったので、メアリもコリンも大笑いでした。ここでは静かにし

なければいけないと、みんな分かってはいましたが、これほど楽しいのに、笑わないではいられませんでした。

コリンがきゅうに、いいました。

「あそこの木は、枯れてるの？　枝が灰色だし、折れているね。なぜ折れたんだろう？」

メアリはどきっとして、ディコンを見ました。ディコンは木のほうを見てから、ゆっくりとコリンをふりかえって、いいました。

「ずっと前に折れたようだね。でもバラがからみついているから、花が咲けば、枯れた木には見えなくなるよ。」

それからディコンは、ほっとしたようにさけびました。

「ほら、コマドリだ！　あそこにいる！　おくさんにえさを持ってきたんだ。」

コリンがあわててふりむくと、コマドリは緑の葉のあいだをかすめて、しげみに飛びこむところでした。

こうして、折れた木の秘密はコリンに知られないですみました。あとになって、メアリはそっとディコンにいいました。

「あのときコマドリを送ってくれたのは、きっと魔法だったのね。」

「うん。おれたち、あの木がどうして折れたか、ぼっちゃまには話せないよ。ぼっちゃまになにか聞かれても、楽しそうにしていよう。」

ディコンはそういってから、頭をごしごしこすり、話そうかどうしようかとしばらくまよっていましたが、そのうち心をきめたらしく、こんなことをいいだしました。

「クレイブンのおくさまは、とってもきれいで、やさしい人やったんやて。うちの母さんがいうには、クレイブンのおくさまは、ぜったい、コリンぼっちゃまのお世話をしに、なんどもミセルスウェイトに帰ってきているはずやって。この世からつれさられたお母さんたちは、子どもの世話をしに、帰ってこずにはおれんのやて。もしかしたら、おくさまはこの庭にいるのかもしれんよ。おれたちをここによんだのもおくさまで、コリンぼっちゃまをここにつれてこさせたのもおくさまかもしれん。」

　コマドリは二度、三度とえさをおくさんに運んできました。それはどうやら午後のお茶らしかったので、コリンは、自分たちもお茶にしよう、という気になりました。

「メアリ、行って、召使いにお茶やトーストをかごに用意させて、シャクナゲの道まで運ばせてよ。そうすればきみとディコンでここまで運んでこられるだろ。」

　それはたしかにいい考えでした。まもなく草の上に白い布をひろげて、熱いお茶とバター・トーストとホット・ケーキで、すてきなお茶の時間になりました。クルミとカラはケーキを持って木にかけのぼり、ススはホット・ケーキのかけらをつつきまわしてよく調べ、カアカアと意見をのべたあげく、一口でのみこんでしまいました。

金色の午後の光は、やがてゆっくりとかげりはじめ、ミツバチは家に帰りました。コリンはクッションによりかかってまき毛をかきあげながら、うっとりといいました。

「これが春だね。ぼくは春を見た。ぼくはここに毎日来て、そのうち夏も見るだろう。ここで育つものをみんな見るんだ。ぼくも、ここで育つんだ。」

「そうだね。」と、ディコンがいいました。「きっと、きみもぼくたちとおなじように、歩いたりほったりできるようになるよ。」

「歩く！　ほる！　ぼくが？」

「そう、きみがさ。きみも……、きみも自分の足を持っているんだもの。」

メアリは、コリンがどんな返事をするかと、少しこわくなりました。コリンの足がほんとうはどれほどわるいのか、だれも知らなかったからです。

「ぼくの足は、べつに病気じゃない。でもすごく細くて、弱いんだ。あまりぶるぶるふるえるんで、ぼくはこわくて立てない。」

ディコンもメアリも、ほっとして息をはき出しました。

「こわがるのをやめたら、立てるよ。」

「そう？」

コリンはいいました。

三人とも、口をききませんでした。日はずいぶん低くなり、ちょうど、一日のうちでも音のなくなる時間でした。動物たちまで、三人のそばに集まって休んでいました。この静けさの中で、コリンがきゅうに頭を上げ、ぎょっとしたようにささやいたのです。

「あれはだれ？」

ディコンもメアリもびくっとして、立ちあがりました。

はしごにのって、かべのむこうからおこってにらんでるのは、ベン・ウェザスタッフでした！　ベンはメアリにむかって、こぶしをふりまわしながらさけびました。

「あんたがわしの子どもだったら、ひっぱたいてやるところだ！」

ベンははしごをもう一段のぼり、今にもとびおりてきそうでした。

「まったく気に入らないちびだ！　なんだかんだうるさく聞くし、じゃまなところへ鼻をつっこむし。あのコマドリさえいなかったら……。」

「ベン・ウェザスタッフ!」メアリはやっと、口がきけるようになり、息をきらしてさけびました。「ここに入る入り口をわたしにおしえてくれたのは、あのコマドリよ!」

「なんだと!　コマドリのせいにするな!　あいつがそんなわるさをするものか!」

「ほんとうよ。コマドリがおしえてくれたのよ。」メアリはがんこにいいはりました。「わたしにむかって、こぶしをふりまわすのはやめてよ。そんな人とは、話ができやしない。」

ちょうどそのとき、ベンはきゅうにこぶしをふりまわすのをやめ、メアリの後ろを見て、口をあんぐりあけました。

りっぱな車いすが、まるで王さまの馬車のように近づいくるのです。乗っているのはまつげの黒い、大きな目をした、若いラジャでした。

「おまえは、ぼくがだれか知っているのか?」

ラジャは聞きました。

ベン・ウェザスタッフはものもいえず、ラジャを見つめました。それから、ふしくれだった手を上げて目をぬぐい、額をぬぐい、奇妙なふるえ声でこたえました。

「あなたがだれか、ですと?　はい、知っておりますとも。……その目は、お母さまのお目だ。どうやってここにおいでになったかはぞんじません。しかしあなたは、せむしのぼ

っちゃまだ。」

コリンはとつぜんまっ赤になり、すっと背をのばして、どなりました。

「ぼくはせむしじゃない！　せむしじゃない！」

「せむしじゃないわよ！」メアリもどなりました。「コリンの背中には、ピンの頭ほどのこぶさえないんだから！　わたしが見たのよ、こぶなんかないわよ！」

ベン・ウェザスタッフは、もう一度額を手でこすりました。

「背中が……、まがってはいないんで？」

「まがってなんかいない！」

コリンがどなりました。ベンはまた、ふるえ声で聞きました。

「足も……、まがってはいないんで？」

これはあんまりな質問でした。ラジャのほこりをきずつけられたコリンは、かっとなって、思わずさけびました。

「ディコン、早く！　早くここへ来て！」

そうして、足にまきつけてあった毛布をはぎとりはじめました。メアリは思わず、だれにも聞こえないように、早口でとなえました。

「だいじょうぶよ、コリンは歩ける、歩ける、歩ける……。」

毛布がらんぼうにほうりだされ、ディコンがコリンの腕をささえました。細い足が草の上におろされ――コリンは立ちました。目をいかりに燃えあがらせて。

「ぼくを見ろ！」

コリンはベンにむかってどなりました。

そのときのベンは考えられないほど奇妙だったと、メアリはあとで思いました。ベンは息をきらし、しわだらけのほおになみだをこぼしながら、どなるようにいったのです。

「うそだった、うそだったんだ、みんなのいうことが！　ぼっちゃまにはこぶ一つない！　ぼっちゃま、あなたはりっぱな大人におなりですよ。ああ、ありがたい！」

コリンはベン・ウェザスタッフを正面から見つめました。

「お父さまがなくなったら、ぼくはおまえの主人になる。だからおまえは、ぼくのいうことをきかなければいけない。はしごをおりて、外の道に出なさい。メアリおじょうさまが出むかえて、おまえをここにつれてくる。おまえに話があるんだ。」

ベンはまだ、コリンのすがたから目をはなせないようでしたが、ようやくわれにかえり、庭師らしくぼうしに手をやりながらこたえました。

「はい、すぐに。すぐに！」

そうして、はしごをおりて、すがたをけしました。

# 22 日がしずむとき

メアリがベンをむかえに行ったあと、コリンはあいかわらず背をしゃんとのばして立っていましたが、きゅうにふりむいて、いいました。

「ディコン、ぼくに魔法をかけたの？」

ディコンは大きな口を楽しそうにまげて、にやりとしました。

「ぼっちゃまが自分で、自分に魔法をかけたんだよ。この土にはたらいたのとおなじ魔法をね。」

コリンは前よりもっと背をのばして、いいました。

「ぼくは歩くぞ。その木まで。つかまりたくなったら、その木につかまる。」

そうしてコリンは、歩きはじめました。ディコンがささえてはいましたが、しっかりした足どりでした。木のそばに立ったコリンは、ほこらしげに顔をかがやかせ、頭をすっと

そらしました。秘密の花園に入ってきたベン・ウェザスタッフが見たのは、そんなコリンでした。コリンはベンにいいました。

「ぼくを見ろ！　よーく見ろ！　背中がまがっているか？　足がまがっているか？」

ベン・ウェザスタッフは、いつものベンらしさを、少しとりもどしていました。

「いや、いや。ぼっちゃまは、背中も、足もまがってはいない。みんなのいっていることは、うそだ。」

「みんなは、ぼくがすぐに死ぬと思っている。でもぼくは死なない！」

ベンはコリンを上から下へ、下から上へとながめまわし、それから、大よろこびでいいました。

「はは、死ぬようなぼっちゃまではないな。元気がありすぎるからな。」

メアリはここに来るまでに、話せるだけのことは話していました。コリンはきっと元気になる、秘密の花園がコリンをなおしてくれるだろう、ということも。

ラジャは、木の下に敷かれた毛布にすわって、聞きました。

「ベン、おまえはここを知っているのか？　ここは、ぼくのお母さまの庭かい？」

「はい、さようで。ぼっちゃまのお母さまは、ここがたいそう気に入っておいででした。」

「今ではぼくの庭だ。ぼくはここがすきだ。これから毎日来る。でもこれは秘密だ。ぼくが命令するのは、このことをだれにも知られないように、ということだ。ディコンとぼくのいとこが働いて、ここを生きかえらせた。これからはときどきおまえをよんで、てつだってもらう。だが、だれにも見られないように来るんだぞ。」

ベン・ウェザスタッフは、にやっとしました。

「わしはこれまでにも、だれにも見られないように来ていますよ。」

「なんだって？　いつ？」

「この前ここに来たのは、そう、二年前です。かべをこえて入ったんで。リューマチのおかげで、ここ二年は来られませんでしたが。」

「ベンが、枯れた枝を切っていたんだ！　いったいだれがやったのかと思っていた！」

ディコンがさけぶと、ベンは、ゆっくりいいました。

「あのかたは、ほんとうにバラがおすきだった。お若くて、それはおきれいなかたでしたよ。一度、こうおっしゃったんです、笑いながら。ベン、いつかわたしが病気になったり、もしかして死ぬようなことがあったら、おまえ、わたしのバラの世話をしてね、とね。だからわしは来た、かべをのりこえて。あのかたがお命じになったことだから。」

「だれかが手入れをしていなかったら、今これほどの花は咲かない。おれ、ふしぎだと思っていたんだ。」

ディコンがいいました。

「手入れをしてくれてありがとう、ウェザスタッフ。おまえは秘密を守れるな？」

コリンが聞くと、ベンはまたにやりとしました。

「守れますよ、だんな。リューマチ持ちの老人には、とびらから入れるのはありがたいですよ。」

そばの草の上に、メアリのこてがおいてありました。コリンは手をのばしてそれをとりあげ、ふしぎな表情をうかべながら土につきたてて、ほりはじめました。だれもがじっとそれを見つめ、メアリはまた口の中で、だいじょうぶよ、コリン、ほれるわ、ほれるわ、ほれるわ、と呪文のようにくりかえしました。ディコンはまん丸な目をもっと丸くしてコリンの手もとを見つめましたが、なにもいいませんでした。

弱よわしい手つきでしたが、コリンはあきらめず、しばらくすると、とうとう穴らしいものができあがりました。コリンはとくいそうにディコンをふりかえり、知っているヨークシャことばをぜんぶつかって、いいました。

「さっききみは、ぼくが歩いたりほったりできるようになるというとったけど、ぼくはただ、なぐさめやと思うとった。それが、今日はじめてここに来たというのに、もう、歩いたし、ほったぞ！」

聞いていたベンは、また、口をあんぐりあけましたが、すぐに笑いだして、いいました。

「はは、ぼっちゃまはたしかにヨークシャの生まれだ。穴もしっかりほれていますよ。そこになにか植えたらどうです？　鉢植えのバラがありますが。」

「行ってとってこい。早く、早く！」

ベン・ウェザスタッフはリューマチをわすれて走っていきました。

「お日さまがしずみきってしまわないうちに、植えたいんだ。」

コリンはいいました。ベンはすぐ鉢植えのバラをかかえてもどってきて、穴の横にひざをつき、鉢からバラをぬきとって、コリンにわたしました。

「さあ、ぼっちゃま。これをご自分でお植えなさい。新しい土地に来た王さまがするように。」

コリンがバラを土におき、ベンがまわりをおさえていきました。コリンの白い手はふるえ、ほおが赤くなりました。土はしっかりおさえられ、かためられました。

「さあ、植わった。お日さまがちょうどしずんでいくね。ディコン、手をかして。お日さまがしずむとき、立っていたいんだ。これも、魔法のうちさ。」

コリンはいって、ディコンの手にすがりながら、しっかりと立ちました。魔法は——それが魔法だったとして、ですが——コリンに力をくれたので、日がほんとうにしずんで、このすばらしい午後がおわりになる瞬間、コリンはほんとうに立っていました。

# 23 魔法

コリンたちが帰ってきたのは、クレイブン先生がもうずいぶん待たされたあとでした。気のどくな先生は、帰ってきたコリンを心配そうにながめて、いいました。

「こんなに長く外にいてはいけなかったんだよ。あしたは、出ないほうがいいな。」

コリンはすぐ、ぴしゃりといいました。

「ぼくをとめてもだめだよ。あしたは朝から外へ出る。」

コリンのとてもおかしなところの一つは、だれかに命令するときのひどく不作法なやりかたでした。しかも、そのことに自分で気づいていないらしいのです。クレイブン先生が帰ったあと、メアリがそう考えていると、コリンが聞きました。

「なぜそんなふうにぼくを見ているの？」

「あなたも変なところがあるわって思ってたの。いつも、かならず、自分の思うとおりに

するところよ。」

メアリはいいました。心の中で考えていたことが、そのまま口に出たのでした。コリンは顔をしかめて、ふりむきました。

「ぼくが変？」

「そう、とても変よ。でも、おこることはないわ。だってわたしも、とても変だから。それにベン・ウェザスタッフもよ。」

「ぼくは変なのはいやだ。変になりたくない。」

コリンはとてもほこり高い少年でした。コリンはじっと横たわったまま、考えていましたが、やがてその顔にとても美しいほほえみをうかべました。

「ぼくはきっと変じゃなくなる。もし毎日あそこに行けたら。あそこには魔法がはたらいている。……なにかいい魔法がね。」

メアリはうれしそうに笑いました。

「そうね、とってもいい魔法がね。」

つづく何か月かのあいだ、それはほんとうに魔法だとしか思えませんでした。光りかがやくようなその何か月かに、花園で起こったことといったら！

まずはじめに、緑の芽がいたるところにあとからあとから出てきました。土の上にも草の中にもかべのすきまにも。

あたりは緑一色になり、やがて、ちらほらとつぼみが見えはじめ、つぼみはふくらんで色づき、たちまち花園全体が、あらゆる色あいの赤や青やむらさきの花にうめつくされました。

かべのすきまに土をつめ、そこにも花を咲かせたのは、ベンでした。

メアリとディコンがまいた種は、妖精が世話をしたかと思えるほどみごとに育っていきました。

色とりどりのケシの花が何十と風にゆれ、ヒエンソウもユリもオダマキもところせましと咲きみだれ、そしてバラは――バラの花は！

バラはつるをのばして草地をはい、日時計にまきつき、幹をよじのぼり、枝からさがり、かべをつたい、長い花の輪になって滝のようにたれさがりました。みずみずしい若芽をひらき、つぼみをふくらませ、やがてそのつぼみははじけて、何十、何百というバラの花になりました。花園は、バラのかおりにつつまれました。

コリンはそれを全部見ました。なにひとつ見のがさずに。木や花だけではなく、小さな生きものたちとも知り合いになりました。モグラやアリやカブトムシ、ミツバチ、カエル、小鳥たち。ディコンは、キツネやカワウソやケナガイタチやリスやマスやカワネズミやアナグマの話もしてくれました。

そうしてこれが、魔法のすべてではありませんでした。

自分の足で立ったことは、コリンをずいぶん考えさせました。そうして、メアリがあのとき呪文をつぶやいていたことを知ると、コリンはすばらしいことを思いつきました。

つぎの朝、秘密の花園に行くとすぐ、コリンはベン・ウェザスタッフをよびました。ベンがいそいで来てみると、ラジャは木の下に立っていました。

「おはよう、ベン。おまえも、ディコンとメアリも、一列にならんで、ぼくのいうことを聞いてくれ。とても大切なことを話すから。」

「アイ、アイ、サー!」

ベンはいいました。むかし船乗りだったので、そのくせが出たのです。

「ぼくはこれから科学的な実験をする。」ラジャはいいました。「ぼくは大きくなったら、すごい科学の発見をするんだ。今から、そのための実験をはじめる。」

「アイ、アイ、サー！」

ベンはうれしそうでした。コリンはかまわずつづけました。

「ぼくのする科学の大発見は、魔法についての大発見だ。魔法については、まだだれも、なにも知らない。ほんとうをいうと、ディコンは魔法を少し知っていると思う。魔法はある。ぼくはそう信じている。

メアリがこの庭を発見したとき、この庭は死んでいるようだった。それから、なにかが土の中から芽や花や、いろんなものをおし出した。そのなにかの名前を、ぼくは知らない。だから、それを魔法とよぶことにした。お日さまを、朝、空へひっぱりあげるのも、魔法だ。魔法というのはいつでも、おしたりひっぱったりして、なにもないところになにかを作るんだ。

ぼくはこれから、魔法がぼくをおしたりひっぱったりして強くするように、やってみる。どうすればいいかは分からないけれど。ぼくがはじめて歩いたとき、メアリはいっしょうけんめい『歩ける！　歩ける！　歩ける！』っていっていた。そうしたら、ぼくは歩けた。だから、これから毎朝、ぼくはいうんだ、『魔法がぼくを強くしてくれる！　魔法がぼくを強くしてくれる！』って。みんなも、いっしょにいってくれ。これがぼくの実験だ。おまえはてつだってくれるかい、ベン？」

「アイ、アイ、サー。」ベンはいいました。「アイ、アイ！」

「ディコン、きみは、魔法がかかると思うかい？」

コリンが聞くと、ディコンはにっこりしました。いつもよりもっとうれしそうに。

「そりゃあ、かかるよ。おれはそう思う。日の光が種にあたったときとおなじだもの。たしかだよ。今すぐにはじめようか？」

コリンが、木の下にあぐらをかいてすわろうといったので、みんなでそのとおりにしました。

「さあ、はじめるぞ。」コリンがいいました。「メアリ、体を前後にゆらそうか？」

「わしは、それはできないよ。リューマチ持ちだからね。」

ベンがいいました。

「魔法がなおしてくれるだろう。」コリンが、えらいおぼうさんのような声でいいました。

「でもそれまでは、体をゆらすのはやめだ。歌だけにする。はじめるよ。」

コリンは、うたいだしました。

「お日さまが照る――これは魔法だ。花がひらく――これも魔法だ。生きているのは魔法だ。強いのは、魔法だ。魔法がぼくを強くする。魔法がみんなを強くする。魔法、魔法、ぼくたちを強くしてくれ！」ベンの背中もなおしてくれ！」

コリンはこれを、いくどもいくどもくりかえしました。それはとても奇妙で、しかも美しかったので、メアリはいつまでも聞いていたいと思いました。でもとうとう、コリンは歌をやめて、いいました。

「さあ、ぼくは歩く。庭を一まわり歩くぞ。」

コリンの横にディコンがつき、反対側にメアリがつきそいました。その後ろにベン・ウェザスタッフ、その後ろに動物たちがついてきて、ちょっとした行列でした。

行列はゆっくり進みだし、何ヤードか（一ヤードは約90センチ）進むたびに休みましたが、そのあいだも、コリンはつぶやいていました。

「魔法がぼくを強くする！　魔法がみんなを強くする！」

なにかがコリンをささえ、ひっぱっていることは、たしかでした。休み休みではありましたが、コリンはとうとう庭をまわりきってしまいました。

「やったぞ！　魔法がはたらいた！」コリンはさけびました。「これがぼくの、最初の科学的発見だ。」

「クレイブン先生は、なんておっしゃるかしらね？」

メアリがいうと、コリンはこたえました。

「なんにもいわないさ。だって、このことは先生にはいわないから。これは、秘密の中の秘密だ。お父さまにも、実験がほんとうに成功するまでお知らせしない。いつかお父さまがミセルスウェイトに帰っていらっしゃるとき、ぼくがお父さまの書斎に歩いていって、いうんだ、『ほら、ぼくですよ。ぼくはほかの子どもと、どこもちがっていません。とても元気で、大人になるまで生きていますよ。科学的実験のおかげなんです』って。」

「クレイブンさまは、ご自分の目が信じられないでしょうよ！」

メアリはさけびました。コリンの顔が赤くなりました。もしお父さまが、自分はほかのどんな父親の子どもにも負けない強い子どもを持っていると知ったら、いったいどんな顔をなさるだろうか、と考えると、コリンはわくわくしました。

コリンはいいました。

「お父さまだって、ご自分の目を信じないわけにはいかなくなるよ。」

# 24 「すきなだけ笑わせておこう」

ディコンが世話をしているのは、秘密の花園だけではありませんでした。ムーアの家のまわりには、きめのあらい石垣にかこまれた畑がありました。朝早くと、夕方日の落ちるころ、ディコンはこの畑で働いて、お母さんが使うジャガイモやキャベツやカブやニンジンやハーブの世話をしました。

時間ができると、ソワビーのおかみさんは、畑に来てディコンと話をしました。夕食のあとも、明るい透明な夕方が長くつづくころ、低い石垣にこしかけてディコンの話を聞くのは、ソワビーのおかみさんの楽しみの一つでした。

おかみさんがミセルスウェイト館でのできごとを全部聞いたのは、こんな夕方のひとときでした。子どもたちは、母さんだけは、秘密のなかまに入れることにしたのです。母さんならたしかに、秘密を守ってくれますから。

そこで、ある静かな美しい夕方、ディコンは秘密をうちあけました。うまっていた鍵のことから、ぼっちゃまの魔法の実験まで、全部の話を聞きおわった母さんは、思わずいいました。

「おやおや！　あのじょうちゃんがお屋敷に来たのはよかったんだねえ。じょうちゃんも元気になったし、ぼっちゃまにとっては救いの神だった。自分の足で立ったとはね！　それなのにわたしたちはみな、ぼっちゃまは体じゅうの骨がまがっとると思っていたんやね。お屋敷ではみんななんていってるんだい、ぼっちゃまがそげん元気になって、楽しそうで、ちっとも不平をいわんくなったことを？」

「そいがさ、コリンさまはあいかわらず不平はいうんだよ。」ディコンはうれしそうに、にやっとしました。「なにが起こっとるか、だれも気づかんようにするためさ。もしお医者さまが、ぼっちゃまは自分の足で立てるって知ったら、きっとクレイブンさまに手紙を書いて知らせるよ。コリンぼっちゃまは、自分でうちあけられるように、その秘密をかくしとるんや。メアリおじょうさまもいっしょになって、おしばいをするんだよ。コリンぼっちゃまがうなると、メアリおじょうさまが、『かわいそうに、そんなにいたいの？』っていうんや。でもほんとうに大変なのは、二人とも、笑わんようにすることなんだよ。だけん、無事に庭に入ってしまったら、息がきれるまで大笑いするんや。」

「笑えば笑うほどいいんだよ。」母さんは、自分も笑いながらいいました。「元気に笑うのは、いつでも、どんな薬よりようきくよ。」

「うん、二人とも、ふとってきたよ。すごくおなかがすくんだけど、食べるものをふやしてほしいっていえんけん、こまっとるよ。あんまり食べると、病気じゃないってことがわかってしまうって。」

　母さんは大笑いでした。笑ったあとで、母さんはいいました。

「いいことをおしえてあげようね。二人をたすけてあげられると思うよ。おまえ、朝出かけるとき、しぼりたてのミルクをバケツに入れておいき。母さんはいなか風の丸パンか小さなパンを焼くよ。そうしたら、庭でおなかがすいたとき、ちょっと食べられるけん。」

「ああ、母さん！」ディコンは感心していいました。「母さんはなんてすてきなんやろう、いつでもどうすればいいか知っとるんやもん。」

　コリンとメアリが楽しんでいるだろうと母さんがいったのは、ほんとうでした。うたがわれないように気をつけることをおしえてくれたのは、おかしなことに、クレイブン先生でした。ある日先生はふしぎそうにいったのです。

「きみはずいぶん長く庭にいるね。庭のどこにいるんだい？」

コリンはとくいの、そんなことはどうでもいい、というふりをしました。

「ぼくがどこに行くかは、だれにもおしえない。ぼくのすきなところに行くんだ。」

「看護婦の話では、きみは前よりずっと食べるようになったそうだね。きみはふとってきたし、顔色もよくなった。」

「もしかすると……、むくんだのかもしれない。熱もあって。」コリンは、顔をしかめました。「長く生きられない子どもは、ふつうとはちがうんだ。」

クレイブン先生は頭をふりました。

「熱はないよ。きみがこんなに元気になったと聞いたら、きみのお父さまはさぞよろこぶだろう。」

これを聞いたコリンは、どきっとして、どなりだしました。

「お父さまに知らせちゃいけない！　もしぼくがまたわるくなったら、どんなにがっかりなさるかわからないじゃないか。ぼくは、今夜にでもまたわるくなるかもしれないんだ。そんな感じがしてきた。お父さまに手紙を書いちゃいけない。……ぼくは、見られるのがいやなのとおなじぐらい、書かれたり、うわさされたりするのもいやなんだ！」

「よしよし、心配しないでいいよ。」クレイブン先生はコリンをなだめていいました。「きみがいいといわなければ、だれもなにも書かないからね。きみはあまり感じやすすぎる。」

　クレイブン先生は、そのあと二度と手紙のことはいいだしませんでした。でもメアリとコリンはすっかり不安になり、いろいろ相談しました。二人が『おしばい』をはじめたのは、このときからだったのです。

「ぼく、もしかするとかんしゃくを起こさなければならないかもしれないな。」コリンはこまったようにいいました。「あんなもの、もう、起こしたくないけど。」

　二人は、あまり食べないようにしようと決心しました。けれどもこまったことに、このすてきな計画は、実行できませんでした。毎朝目がさめると、ひどくおなかがすいているし、ソファーの横のテーブルには、焼きたてのパンと新鮮なバター、雪のように白いたまごとラズベリーのジャムと、とろりとした生クリームがおいてあるのですから。

　そこで、こんなふうにいうことになります。

「今はこれを食べて、昼に少しのこして、夜はたくさんのこそう。」

　けれど、なかなかそうはいかないのでした。コリンはいいました。

「ハムがもっと厚ければいいのに。それに、マフィンが一つだけだなんて少なすぎるよ。」

　そんなわけでしたから、ある日ディコンがバラのしげみのかげからブリキのバケツを二つ持ちだし、その一つにはとろりとしたミルクが、もう一つには青と白のふきんに包んだ焼きたてのぶどうパンが入っているのが見えたときは、二人とも大よろこびでした。丸パンのおいしかったこと、ミルクのあまかったことといったら！

「ディコンとおなじように、ディコンの母さんも魔法が使えるんだ。」コリンはいいました。「ありがとうって、いっておくれよ、ディコン。ぼくたちから、ありがとうって。」

　このごちそうは、それから毎日ありました。二人は、ソワビーのおかみさんは十四人に食べさせなければならないのだから、そこに二人ふえてはこまるのではないか、と考えました。そこでディコンにたのんで、材料を買うお金は二人も出すことにしました。

　花の季節がすぎても、緑のプラムの木の下で、魔法のことばは朝ごとにくりかえされました。それがすむと、コリンはいつも歩く練習をし、だんだんとしっかり、長く歩けるようになっていきました。

　それからある日、ディコンがいいました。

「きのう、母さんのお使いでスウェイトに行ったんだ。そうしたら、青牛亭のそばでボブ・ハワースに会うたよ。ボブはムーアでいちばん強い、レスリングのチャンピオンなんや。だからおれ、聞いてみた、『ボブ、あんたの腕も足も、すごく強そうだけど、そげんになるようにとくべつなことをしたの？』って。そうしたらボブが、『そうだよ、きたえたのさ』っていって、やりかたをおしえてくれたよ。」

「やってみせてよ。早く！」

コリンが、わくわくしながらさけびました。

「うん、やってみせるよ。でも、はじめは少しずつやって、つかれないようにしなきゃいけんって、ボブがいうとった。」

ディコンは草の上に立ち、かんたんで役に立ちそうな筋肉をきたえる体操を、ゆっくりと、注意深くやってみせました。そのときからこの体操が、魔法の実験とならんで、毎日の仕事になりました。でもそのおかげで、おなかのすくことといったら、まったく大したものだったので、ディコンが毎朝バラのしげみのかげにおくバケツがなかったら、二人とも、どうしていいか分からなかったでしょう。

クレイブン先生が久しぶりにコリンを見にきたのは、このころでした。先生はこのところ二週間も、ロンドンに用事でよばれていたのです。そのあいだに、コリンはおどろくほど変わっていました。ふっくらとしたバラ色のほお、明るい目、どう見ても病気の子どもには見えません。クレイブン先生はコリンのあごの下に手をやって、じっとその顔を見ながら、いいました。

「きみはなにも食べないんだってね。こまったことだ。せっかくふとったのに、またやせてしまうよ。でも元気そうになったね。少し前には、よく食べていたんだろうな。」

「少し前は、おなかがすく病気だったんだ。」

コリンはこたえました。メアリはそばのいすにすわっていましたが、とつぜんおかしな音をたて、あわててそれをごまかそうとしたので、息がとまりそうになりました。

「あの子どもたちが、こっそり食べものを手に入れる方法があるかね？」

クレイブン先生は、あとで、メドロックさんに聞きました。

「土の中からほり出すか、木の枝からつみとるかしかございません。」

メドロックさんはこたえました。

「そうか。もしなにも食べないのが二人の体にこんなにいいなら、わたしたちが心配することはない。コリンは、まるでちがう子どもになったみたいだ。」

首をひねるクレイブン先生に、メドロックさんはいいました。

「メアリさまもですよ。小さくて気むずかしい、ひねくれた子だったのに、今ではコリンさまといっしょになって、朝から大笑いに笑っているんですから。もしかすると、そのせいでふとったんですよ。」

「そうかもしれない。すきなだけ笑わせておこう。」

クレイブン先生はこたえました。

# 25 カーテン



秘密の花園のすみの小さなコマドリの巣には、今ではたまごがあり、コマドリのおくさんがその上にすわって、たまごをあたためていました。はじめのうち、おくさんはとても気が立っていたし、だんなさんのコマドリもけんかごしで巣を見はっていたので、ディコンでさえ巣のあるしげみには近づきませんでした。

花園の魔法は、コマドリたちのたまごも守ってくれるはずでした。コマドリとそのおくさんがそのことを思い出しさえすれば、二羽とも、心配するのをやめるでしょう。ディコンはただ、それを待っていればよかったのです。

コマドリのおくさんのだいているたまごほどすばらしいものは、この花園では、けっしてこわされはしないはずでした。もしそんなことがあれば、それこそ世界全体がこなごなにくだけちり、かがやくような春のまっさいちゅうでさえ、だれも幸せではなくなってしまうことを、みんなが知っているのですから。

コマドリたちは、ディコンのことは心配していませんでした。コマドリは、その黒い目でディコンを見た最初のときから、この人間は、いってみればくちばしと羽のないコマドリなのだと分かっていました。なにしろディコンはコマドリ語が話せるのですから（コマドリ語かコマドリ語でないかは、聞けばすぐわかります）。

でもほかの二人には、とくに男の子のほうには、注意したほうがよさそうでした。この子はとてもおかしな歩きかたをするからです。この子がゆっくりゆっくり歩くのは、急に飛びあがる用意をしているのかもしれない、とコマドリは考えました。ネコがよくそうやりますから。

男の子がひとりだけで、前より速く歩くようになると、コマドリは心からほっとしました。でもそれからも長いこと、この子はふつうの人間とおなじことをしないので、コマドリの心配のたねでした。

けれどもある日、コマドリは、自分がはじめてお父さんとお母さんから飛ぶことをならったとき、ちょうどこんなふうだったことを思い出しました。ちょっと飛んでは、休み、ちょっと飛んでは、休み、したものです。

そうか、とコマドリは思いました。この人間は、飛ぶことをならっているんだ――いや、歩くことを。コマドリはこの話をおくさんにしました。おくさんは安心し、おもしろがって、それからは巣の中から男の子のようすをながめて楽しむようになりました。雨がふって、だれも来ない日など、ちょっとたいくつするほどでした。

コリンとメアリは、雨の日もたいくつなどしていませんでした。ある朝、雨がはげしくふりつづけ、コリンがいらいらしはじめたとき、メアリが名案を思いついたのです。

「コリン、あなたは、このお屋敷にいくつ部屋があるか知っている？」

「千ぐらいだろ。」

「人がぜんぜん入らない部屋が、百もあるのよ。いつかわたし、そういう部屋をたくさん見て歩いたの。そのことはだれも知らないわ。」

「だれも行かない部屋が百か。なんだか秘密の花園に似ているね。行ってみようか。きみが車いすをおしてくれたら、ぼくたちがどこへ行くかはだれにも知られないですむし。」

「わたしもちょうどそう思っていたの。だれもついてこようとはしないはずよ。走れるような、長い部屋もあるわ。体操もできるわよ。」

「ベルを鳴らして看護婦をよんでよ。」

と、コリンはいいました。

看護婦が来ると、コリンはいいつけました。

「車いすを用意させて。メアリおじょうさんとぼくとで、屋敷の中の、使われていない部屋を見てまわるから。」

下男が車いすを画廊までおしてきて、いいつけどおり二人をおいて帰りました。

二人だけになるとすぐ、コリンはいすから立ちあがりました。

「この画廊のはしからはしまで走るぞ。」と、コリンはいいました。「それがすんだら、飛びあがる。それからボブ・ハワースの体操だ。」

二人が体操をするのを、かべの絵の中から、むかしの人たちが見ていました。その中に、緑の絹のドレスを着て、指にオウムをとまらせた、みっともない女の子もいました。

「この人たちはみんな、ぼくと血がつながっているんだ。オウムを持っているのは、ぼくのおばさんの、おばさんの、そのまたおばさんのひとりだと思う。あの子、きみに似ているね、メアリ。はじめてここに来たときのきみに。今のきみは、あのころよりずっとふとって、ずっとかわいい。」

「コリンもよ。」

メアリがいって、二人は笑いだしました。

そのあと二人はインドの部屋へ行き、象牙の象で遊びました。バラ色の絹でしつらえた小部屋も見つけました。いろいろな、むかしのふしぎな道具も。

コリンはいいました。

「来てよかった。ぼく、自分がこんなに大きくてふしぎな、古い屋敷に住んでいるなんて知らなかったな。雨の日はいつも、ここに来よう。変なものや変な場所が、いくらでも見つかるよ。」

その朝二人は、いつもよりもっとおなかがすいてしまい、コリンの部屋へ帰ったとき、お昼の食事に手をつけずに下げさせるわけにはいきませんでした。

看護婦がおぼんを台所に運んでいったとき、料理番のルーミスさんは、まるでみがかれたようにきれいになっているお皿をとっくりとながめてから、いいました。

「これを見てくださいよ！　このお屋敷はなぞだらけだけれど、あの二人のお子さんは、なかでもいちばんのなぞですよ。」

その日の午後メアリは、コリンの部屋のようすが変わったのに気づきました。メアリはなにもいわず、ただ、暖炉の上の絵をじっと見つめました。カーテンがひらいていたからです。

「なにを説明してほしいか、分かってるよ。」コリンがいいました。「きみは、なぜカーテンがひらいているか知りたいんだろう？　これからはずっと、こうしておくつもりだよ。」

「どうしてなの？」

「お母さまが笑っていても、ぼくはもういやじゃなくなったからさ。おとといの、月の明るい夜、ぼくが目をさますと、この部屋が魔法でいっぱいになっているようで、とてもすてきだった。カーテンにも月の光がとどいていた。その光を見たら、なぜかカーテンがあけたくなったんだ。お母さまはぼくを見おろして笑っているみたいだった。ぼくがそこに立っているのがうれしくて、笑っているみたいだったよ。それで、ぼくはお母さまを見るのがすきになった。お母さまがあんなふうに笑っているのを、いつでも見ていたくなったんだ。」

「コリン、今のあなたはお母さまにとってもよく似ているわ。」

　メアリがいうと、コリンはしばらく考えてから聞きました。

「もしぼくがお母さまに似ていたら、お父さまはぼくがすきになってくださるかな？」

「あなたはお父さまに、すきになってほしいの？」

「前には、すきになってほしくなかった。お父さまがぼくをきらいだったから。もしお父さまがぼくをすきになってくださったら、ぼくは魔法(まほう)のことをお話ししよう。そうすればお父さまが、もっとほがらかになってくださるかもしれないから。」

# 26 「母さんだ！」

毎朝の魔法の実験は、それからもつづきました。コリンはときどき、自分も雑草をとりながら魔法についての講義をしました。ベンも熱心に聞いていましたが、ベンがもっと熱心なのは、コリンの体をためつすがめつすることでした。コリンはふしぎに思って、聞きました。

「ベン、なにを見ているんだい？」

「ぼっちゃまの手や足をね。」と、ベンはこたえました。「ぼっちゃまは今週、三、四ポンド（一ポンドは約四五〇グラム）はふえなさったね。」

「魔法のせいだ。それから、ディコンの母さんのパンやミルクやなにかのせいだ。科学的な実験が成功したんだ。」

コリンはことばを切り、だまりこみました。そのまま四、五分もそうしていたでしょう

か、コリンはきゅうに、こてをおいて立ちあがりました。顔に赤みがさし、目がかがやいています。コリンはさけびました。

「メアリ！　ディコン！　ぼくを見て！」

二人は手をとめて、コリンを見あげました。コリンは聞きました。

「はじめてぼくをこの庭につれてきたときのことを、おぼえているかい？」

「ああ、おぼえている。」

ディコンはいいました。

「たった今ぼくは、こてを持っているぼくの手を見ていて、思い出したんだ。それで、ほんとうかどうか、自分の足で立ってみずにはいられなくなった。ほんとうだった！　ぼくはよくなった……、よくなった！」

「ああ、よくなったよ！」

ディコンはいいました。

コリンも、それまでぜんぜん気づかなかったわけではありません。そうあってほしいと思い、じっさいそうだと感じてもいました。でもその瞬間(しゅんかん)コリンの体の中をつきぬけた、ほんとうになおったのだ、うれしい、という気持ちはとても強いものだったので、コリンは思わずさけびだしていました。

「ぼくは生きる。いつまでも、いつまでも、いつまでも！　ぼくはよくなった！　ぼくは……、ぼくはなにかをさけびたい、なにかを。ありがとう、とか、うれしいよ、とか！」

ベン・ウェザスタッフは、ちょうどバラのしげみのそばで働いていましたが、ふりかえって、いつものぶっきらぼうな調子でいいました。

「じゃあ頌栄（キリスト教で神をたたえる歌）でもうたったらどうです？」

「頌栄って、なに？」

コリンが聞くと、ディコンは笑ってこたえました。

「頌栄っていうのは、教会でうたうものだよ。母さんがいうには、ヒバリたちも、朝起きたときにうたうって。」

「ディコンの母さんがそういうんなら、きっとすてきな歌なんだ。うたってよ、ディコン。聞きたいよ。」

ディコンは、コリンが感じていることを、当のコリンよりもっとよく分かっていました。ディコンはぼうしをとりました。

「頌栄をうたうときは、ぼうしをとらなきゃいけないんだよ。」ディコンは、コリンにいいました。「ベンもだよ。そうして、ほら、立ちあがらなきゃ。」

一同がぼうしをとって立つと、ディコンは、木ぎやバラのしげみにかこまれて、男の子らしいしっかりした声でうたいはじめました。

『あまつみたみも、
地にあるものも、
父、み子、みたまの
かみをたたえよ　アーメン』

ディコンがうたいおわったとき、ベンはあいかわらずがんこそうにあごをひいたまま、とまどったようにコリンをにらんでいました。コリンはいいました。

「いい歌だね。ぼくがほんとうにいいたかったのは、この歌のようなことだったのかもしれない。ディコン、もう一度うたってよ。ぼくたちもうたおう、メアリ。」

ディコンはもう一度うたい、コリンとメアリも、ディコンのまねをしてうたいました。二節目(せつめ)になると、ベンはおちつかなげにせきばらいをはじめ、三節目にはいきなり大声でうたいだしたので、まるでどなっているようでした。

最後の『アーメン』がおわったとき、メアリは、ベンが前とおなじことをしているのに気づきました。はじめてコリンの足が不自由ではないと気づいたときとおなじことを——顔をゆがめ、コリンを見つめてまばたきをしながら、その古びた革のような顔をぐっしょりぬらして。ベンはかすれ声でいいました。

「わしはこれまで、頌栄に意味があると思ったことなどなかった。だが、そうではないかも知れん。コリンぼっちゃま、ぼっちゃまは今週五ポンドは重くなりましたよ。五ポンドもね！」

でもコリンはそのとき、庭のむこうのなにかを見つめていました。

「だれかが入ってくる。だれだろう？」

つたのかべの中のとびらが、ゆっくりとおしひらかれ、女の人が入ってきていました。歌の最後のところで入ってきて、じっと立って四人を見つめながら、聞いていたのです。その目はなにもかも——ベンや動物たちや咲いていた花ばなまでも——つつみこんでしまうようでした。この人が来るとはだれも知らなかったのですが、それでも、無理に入りこんだとは、だれひとり思いませんでした。

「母さんだ！　ぼくの母さんだよ！」

ディコンがさけんで、草の上をかけていきました。

コリンも歩きだし、メアリもつづきました。

「ぼくの母さんだよ！　ぼっちゃまが母さんに会いたがっているのを知っていたから、とびらのあるところをおしえておいたんだ。」

コリンはほおをそめ、はずかしそうに、でもどうどうと手をさし出しました。

「病気だったときも、ぼくはあなたには会いたかったんです。あなたとディコンに。」

コリンがしっかりと背(せ)をのばして立っているのを見ると、ソワビーのおかみさんの顔はきゅうに赤くなりました。口のはしがふるえ、目がうるんできたようでした。

「ああ、いい子だ！」おかみさんは、ふるえ声でいいました。「いい子だね！」

おかみさんは、自分がなんといったか、気づいていないようでした。コリンぼっちゃま、というかわりに、きゅうに、いい子といってしまったのです。でも、コリンはそれが気に入りました。

「ぼくがこんなに元気でおどろきましたか？」

コリンがたずねました。おかみさんはコリンの肩(かた)に手をのせ、うるんだ目で笑(わら)いかけながら、いいました。

「ああ、おどろいたよ。でもそれより、ぼっちゃまがあまりお母さまにそっくりだったんで、心臓が飛びあがっちまった。」

「もしほんとうにそっくりだったら、お父さまはぼくをすきになってくださるかしら？」

コリンは、口ごもりました。

「もちろんだよ！」おかみさんは、コリンの肩をすばやくそっとたたいて、こたえました。

「だんなさまは、お帰りにならなければいけないね。」

それからおかみさんはメアリの肩に両手をのせ、メアリの小さな顔を、ちょうどお母さんがするようにのぞきこみました。

「そう、あんたもだね。あんたも、うちのリザベス・エレンに負けないぐらい大きくなったね。あんたもきっと、あんたのお母さんそっくりなんだよ。今はまだでも、いつかきっとそうなるよ。あんたに、神さまのおめぐみがありますように！」

メアリはうれしくなりました。あのきれいだったメムサーイブに、いつか似てくるだろうといわれたのですから。

母さんはそれからみんなといっしょに庭を見てまわり、死んだように枯れていた木やしげみがどんなふうに生きかえったか、はじめからの話を全部聞きました。コリンとメアリは両側を歩きながら、母さんの気持ちのいいバラ色の顔をくりかえし見あげ、この人といるととても楽しくなるのはなぜだろう、と思っていました。

　コマドリのひなたちがはじめて飛んだときのことを聞くと、母さんはゆかいそうに笑いました。

「はじめて飛ぶのは、子どもたちがはじめて歩くときと似ているんだろうね。わたしの子どもたちが、足のかわりに羽を持っていたら、わたしもずいぶん心配しただろうね！」

「あなたは、魔法を信じますか？」コリンはおかみさんに聞きました。「信じているといいんだけど。」

「信じてますとも。そういう名前ではなかったけれど、名前なんてどうでもいいものだもの。つまりは、種をふくらませたり、太陽をかがやかせたりするのとおなじなにかが、あんたを元気にしてくれたんだ。とても大きな、いいものが、あんたを守ってくださっとる。その大きなすばらしいものを、信じつづけなければいけませんよ。世界はそのなにかにあふれとるということをね。わたしがここに入ってきたとき、あんたたちはそのなにかにむかって、うたっとったね。」

「ぼくはほんとうにうれしかったんだ。」コリンはいいました。「きゅうにぼくは、自分がどんなにちがってきたかに気がついた。そうしたら、ぼくはきゅうに飛びあがって、どなりたくなった。なんでもいい、聞いてくれるなにかにむかって。」

「あんたが頌栄をうたったとき、そのなにかはちゃんと聞いていたよ。そうだよ、そのなにかの名の一つは、『よろこびをつくるもの』っていうのさ。」

その朝もおかみさんは、いつものごちそうの入ったバスケットを用意していたので、みんないっしょに、木の下にすわりました。コリンが、今では気むずかしい病人のふりをするのはとてもむずかしい、という話をして、おかみさんを大笑いさせました。

「わかるでしょう?」コリンはいいました。「ぼくたちは、いっしょにいると、笑わないでいるのがむずかしいほどなんだ。これではちっとも病人らしくないよ。」

そのうちとうとうスーザン・ソワビーは立ちあがり、帰ることにしました。コリンはおかみさんのそばに立ち、ちょっとこまったようにその目をじっと見つめ、それからきゅうに手をのばして、おかみさんの青い服のひだをしっかりとつかみました。

「あなたが……、あなたがぼくのお母さまだったらいいのに。ディコンのお母さんだというだけでなく。」

するとソワビーのおかみさんは、コリンを青い服の胸にだきよせて、いいました。

「かわいい子！　コリンさまのお母さまは、ここに、この花園においでですよ。来ずにおれんもの！」

# 27 庭で

秘密の花園がよみがえり、子どもたちがいきいきと庭仕事にはげんでいるころ、遠くはなれたオーストリアのチロル地方の美しい谷あいを歩きまわっている人がいました。この人はもう十年以上も、つらく、悲しいことばかり考えつづけていました。つらい考えを自分の心から追い出すためには、べつのことを考える勇気がいります。この人には、その勇気がありませんでした。

むかし、この人がとても幸せだったとき、おそろしい悲しみがおそってきました。そのとき以来、この人は自分の心をがんこに暗くとざしてしまいました。

自分の家をわすれ、義務をわすれ、いつも暗い気分でいるので、見る人の心まで暗くなるほどでした。背の高い、肩のまがったこの人は、ホテルの受付ではいつも、こう名前を書きました――アーチボルド・クレイブン、ミセルスウェイト屋敷、ヨークシャ、イギリ

ス。

クレイブンさまはいつも、いちばん静(しず)かなところ、さびしいところへ行きました。頂(いただき)が雲の中にあるような山の上にも行き、日の出にその頂上(ちょうじょう)から、まわりの山を見おろしたこともあります。朝日の光がその山やまにあたると、まるで世界が新しく生まれたように見えました。

その光もクレイブンさま自身にはあたらないように思えたのですが、とうとうある日のこと、ここ十年ではじめて、ふしぎなことが起こりました。

そのときクレイブンさまは、長いこと歩きまわったあとで、つかれきって、小川のほとりにどさりと腰(こし)をおろしたのです。

細いすみきった小川は、とても楽しそうに、しめった緑のこけのあいだを流れていき、ときどき、丸い石のまわりで、くすくすと笑(わら)うような音をたてました。谷は、とてもとても静かでした。

すみきった水が流れていくのを見ているうちに、クレイブンさまは、自分の心と体がゆっくりと静かになっていくのを感じました。まるで谷そのもののように静かに。

流れのそばに、ワスレナグサが一むら、きれいな青い花をつけていました。それをじっと見つめているうちに、クレイブンさまは、もう何年も前に、おなじ花を見つめていたことがあった、と思い出しました。この小さな思いが、自分の心をゆっくりと満たしていっていることに、クレイブンさまは気づきませんでした。でもほんとうは、ゆっくりとその心を満たしていき、ほかの考えをおし出していったのです。

　それは、よどんだ池の底からきれいな水がわき出て、だんだんと、にごった水をおしのけてしまうのに似ていました。

　どれほど長い時間そうしていたでしょう。クレイブンさまはやがて、ゆっくりと体を起こし、自分はどうしたのだろう、と思いました。なにかがクレイブンさまの中で、なわをとかれ、自由になったようでした。

「なんだろう？」と、クレイブンさまはほとんどささやくようにいい、額に手をあてました。「ちょうど、そう、まるで……、まるで生きかえったみたいだ！」

　かがやくような金色の夏が黄金色の秋に変わるころ、クレイブンさまはコモ湖に行きました。あるよい天気の一日、クレイブンさまは遠くまで歩いたので、帰るころには月が高くなっていました。ちょうど満月で、世界じゅうが銀色とむらさきの影につつまれ、湖も岸も森もしずまりかえっていました。クレイブンさまは部屋へもどらず、波うちぎわのあずまやにおりていって、そこのいすにすわり、ふしぎなおだやかさに身をつつまれたような気がして、そのままねむりこんでしまいました。そうして、夢を見ました。

とてもはっきりしていたので、夢だとはぜんぜん思えませんでした。その夢の中でクレイブンさまは、自分をよぶ声を聞きました。やさしくすんだ、幸せそうな、遠くからの声でした。

「アーチー！　アーチー！　アーチー！」

その声はよびました。やさしく、はっきりと。

夢の中で、クレイブンさまはさっと立ちあがりました。

「リーリアス！」クレイブンさまはこたえました。「どこにいるんだい、リーリアス！」

「花園よ！　花園よ！」

その声は、まるで金のフルートのようでした。

夢は、そこでおわりました。でもクレイブンさまはそのまま気持ちよくねむりつづけ、やっと目をさましたときには、もう日がまぶしく照っており、ホテルのボーイがクレイブンさまへの手紙を持って、そばに立っていました。ボーイが行ってしまったあと、数分のあいだ、クレイブンさまは手紙を持ったまま、湖をながめつづけました。しかしあの花園のとびらには鍵（かぎ）をかけ、その鍵を深くうめてしまった。」

「花園に！」クレイブンさまは、つぶやきました。「花園にね！

それからクレイブンさまは手紙に目をやり、それがイギリスの、ヨークシャから来たものだと気づきました。クレイブンさまはすぐ、封（ふう）を切りました。

『クレイブンさま

わたしはスーザン・ソワビーともうす者で、前にムーアで、勇気（ゆうき）を出してあなたさまにお声をかけたことがあります。そのときは、メアリおじょうさまのことをお話ししました。今もう一度、お声をかける勇気を出そうと思います。お願（ねが）いがございます。もしわたしがあなたさまでしたら、家へ帰ります。お帰りになれば、きっとおよろこびになることがあるはずです。それに、こうもうしあげることをゆるしていただけるなら、おくさまがここにおいでなら、きっと、あなたさまに帰ってくださいとお願いなさるでしょう。

あなたさまの、忠実（ちゅうじつ）な召使（めしつか）い

スーザン・ソワビー』

クレイブンさまは、その手紙を二度読みかえしました。そうしながら、なんども、夢（ゆめ）のことを思い出しました。

「そうだ、帰ろう、ミセルスウェイトに。今すぐにだ。」

クレイブンさまはそういうと、庭をぬけて部屋にもどり、ピッチャーさんに、イギリスへ帰る用意をさせました。

それから数日後、クレイブンさまはヨークシャにもどっていました。長い汽車の旅のあいだ、クレイブンさまは、気がつくと、この十年のあいだけっしてなかったほど、むすこのことを考えていました。

おくさまがなくなり、赤んぼうだけが生きのこった日びのことを、クレイブンさまは思い出しました。すぐ死ぬと思われた赤んぼうは、ふしぎに生きつづけましたが、悲しみで気がくるいそうになっていたクレイブンさまには、自分がその子の父親だとは感じられませんでした。そこで、医者や看護婦（かんごふ）や、ぜいたくなものはなんでも用意してやりましたが、それ以上（いじょう）その子のことを考えるのはやめて、自分だけのみじめな思いにひたるために、旅に出ていました。

　それから一年後、クレイブンさまがミセルスウェイトにもどったときのことです。そのみじめな子どもは、ぐずぐずと目をあげて、クレイブンさまを見つめました。黒いまつげのこい、大きな灰色のその目は、クレイブンさまがなによりもすきだったあの幸せそうな目にそっくりで、しかもぞっとするほどちがっていました。クレイブンさまはそれを見ていられず、死人のように青ざめて横をむいたのでした。それからというもの、クレイブンさまは、その子がねむっているときのほかは、けっして見にいきませんでした。

「この十年、わたしはまちがっていたのかもしれない。十年といえば長い年月だ。なにをするにも、もうおそすぎるかもしれない……、まったくおそすぎるかもしれない。わたしはいったい、なにを考えていたんだ！」

　もちろんこれはまちがった魔法です。おそすぎるということばではじめては、よい魔法はかかりません。でもクレイブンさまは、魔法のことはまだなにひとつ知りませんでした。よい魔法も、まちがった魔法も。

　クレイブンさまは、ふとスーザン・ソワビーが思いきって手紙をくれたのは、コリンの具合がわるく、もうすぐ死にそうだと気づいたからかもしれない、と思いました。以前のクレイブンさまだったら、すぐさまその考えにとりつかれ、ふさぎこんで、みじめな思いをしていたでしょう。

けれど、湖のほとりでクレイブンさまをつつんだ、あのふしぎなおだやかさは、勇気と希望も運んできていました。クレイブンさまは、自分が、つらいことを考えるかわりに、なるべくよいことを信じようとしているのに気づきました。

「ソワビーのおかみさんは、わたしがあの子になにかしてやれると思ったのかもしれない。ミセルスウェイトに帰るとちゅうで、会ってみよう。」

クレイブンさまは考えました。

けれど、ムーアを横切るとちゅうでおかみさんの家によってみると、あいにく、おかみさんはるすでした。家の近くで遊んでいた七、八人の子どもたちが、馬車のまわりに集まってきて、礼儀正しく頭を下げながら、母さんはムーアのむこうの女の人に赤ちゃんが生まれるので、朝早くからてつだいにいってしまったのだといいました。

「ディコン兄ちゃんは、」と、子どもたちはつづけました。「お庭の手入れをしに、お屋敷に行ってるの。」

クレイブンさまは、子どもたちを見まわしました。どの子も、しっかりした体つきに丸いほおをして、楽しそうに笑いかけていました。元気そうないい子どもたちだ——クレイブンさまはそう思いながら笑いかえし、金貨を一枚出して、いちばん年上のリザベス・エレンにわたしました。

「これを八人で分けなさい。一人半クラウン（現在の日本円で三千二百円位）ずつになるよ。」

子どもたちはにこにこ笑いながらおじぎをして、クレイブンさまの馬車を見送りました。それからおたがいどうし、ひじでつつきあい、うれしそうに飛びまわりました。

すばらしいムーアの景色の中を進んでいきながら、クレイブンさまはまた、あの夢を思い出していました。「花園よ！　花園よ！」とクレイブンさまをよびもどしたあの声は、なんとすばらしく、明るかったことでしょう。

「あの庭の鍵を探してみるとしよう。あのとびらをあけよう。そうしなければ……。なぜかは自分でもわからないが。」

クレイブンさまは、ひとりごとをいいました。

屋敷に着いたとき、クレイブンさまはいつものようにまっすぐ自分の部屋へは行かず、図書室に入って、メドロックさんをよびました。

「コリンのようすはどうだ？　メドロックさん。」

メドロックさんがやってくると、クレイブンさまが聞きました。

「はあ、お医者さまも看護婦もわたくしも、はっきりとはもうしあげられませんので。」

「なぜだ？」

「じつをもうしますと、だんなさま、コリンさまはよくおなりなのかもしれませんし、わるくおなりなのかもしれませんので。信じていただけますかどうか、ぼっちゃまは朝から夜まで、外に出ておいでです。」

「それで今、コリンはどこにいる？」

「お庭においでです。いつもお庭に。けっしてお見かけしないように、だれもおそばに行ってはいけないことになっておりますが。」

クレイブンさまは、メドロックさんのことばをおわりまで聞いてはいませんでした。

「庭に！」と、クレイブンさまはいいました。そうして、メドロックさんを帰してからも、立ったまま、なんどもくりかえしました。「庭にいるのか！　花園か！」

クレイブンさまは部屋を出ました。そうして植えこみをぬけ、噴水のまわりをまわって、かべの外の道に来ました。クレイブンさまは、いそがず、ゆっくりと歩きました。つたがしげっていても、とびらがどこにあるか、クレイブンさまには分かりました。けれども鍵は――どこにあるか、はっきりとは分かりませんでした。

クレイブンさまは立ちどまり、あたりを見まわしましたが、そのとたん、おどろいて耳をすましました。この十年のあいだ、つたにおおわれたとびらをくぐった者は、いないはずです。それなのに、中からなにか聞こえました。木の下をぐるぐると走りまわって、おいかけ、にげているらしい足音、ささやく声、うれしそうな笑い声。子どもらしい、おさえようにもおさえられない笑い声です。

これも夢か？　とクレイブンさまは思いました。自分は気が変になって、聞こえないものを聞いているのだろうか。あの遠い声がよんだのは、このためだったのだろうか？

そのとき、また聞こえたのです。笑い声と、走ってくる足音。とびらに近づいてきます――そうしてとびらがぱっとひらき、つたが左右にかきわけられて、男の子がひとり、夢中でかけ出してきて、ほとんどクレイブンさまの手の中にとびこみそうになりました。

クレイブンさまは、ぶつかってきてころびそうになったその子をあやうくだきとめ、つぎの瞬間、こんどこそほんとうにおどろいて、思わず息をのみました。

それは、背のすらりとした、美しい、とても元気そうな子どもでした。今まで走っていたので、ほおがバラ色にかがやいています。その子は、額にかかるまき毛をかきあげ、黒いまつげにふちどられた、ふしぎな灰色の目をあげました。

「だれ……。なんと！　だれだ、きみは！」

クレイブンさまは口ごもりました。

コリンの予定では、こうなるはずではありませんでした。でも、かけだしてくる——競走に勝って——というのは、考えていたよりよかったかもしれません。コリンは、できるだけ背すじをのばして立ちました。コリンのあとから飛びだしたメアリは、コリンがこれほど背が高く見えたことはなかった、と思いました。

「お父さま、」と、コリンはいいました。「ぼく、コリンです。信じられないでしょう?ぼくも信じられないほどです。ぼく、コリンです。」

そのときクレイブンさまがいったことの意味は、コリンには分かりませんでした。クレイブンさまはいったのです。

「花園に！　花園に！」

「そうなんです。」と、コリンはいそいでいいました。「花園のおかげなんです。それと、メアリとディコンと動物たちと……、それから、魔法の。このことはだれも知りません。お帰りになるまで、ないしょにしておいたんです。ぼくは元気で、競走でメアリを負かせられます。」

コリンはほおを赤くそめ、勢いこんで話していました。その元気な、少年らしいようすに、クレイブンさまは心がふるえるような気がしました。

コリンは手をのばし、クレイブンさまの腕にのせて、聞きました。

「うれしくないの、お父さま？　ぼくは、いつまでも、いつまでも生きるんです！」

クレイブンさまは、両手をコリンの肩にのせ、しっかりとおさえました。しばらくは声が出せないと、自分で分かっていました。

「花園に入れておくれ、ぼうや。」クレイブンさまは、とうとういいました。「そうして、なにもかも話しておくれ。」

そこで、みんなでクレイブンさまを、花園につれていきました。

秋の秘密の花園は、金とむらさきと青むらさき、そして燃えるような真紅の入りまじった、すばらしいながめでした。四方のかべぎわには、おそ咲きのユリがかたまっていました。そのユリが、秋も深まるこの時季に咲くようにと植えられたときのことを、クレイブンさまはよくおぼえていました。

「ここは、もう枯れたと思っていた。」

クレイブンさまはいいました。

「メアリもそう思ったんです。でも、生きかえりました。」

コリンはそういって、話しはじめました——魔法のこと、動物たちのこと、ほこりをきずつけられた若いラジャが、かっとしてベン・ウェザスタッフの前で立ってみせたこと、病気がなおっていないふり、みんなで守った秘密のことなどを、なにもかも。

聞いていたクレイブンさまは、ときどき、あまり笑いすぎてなみだをこぼしたほどでした。なみだは、笑わないときにも、あふれ出しました。

「さあ、これでもう、」とコリンは最後にいいました。「秘密にしておくことはなにもありません。ぼくは、もう二度と車いすには乗らない。さあ、ごいっしょに歩いて帰りましょう、お父さま。……家へ。」

ベン・ウェザスタッフは、いつもはほとんど庭をはなれません。でもこのときはちょうど、野菜をとどけるために台所に来て、メドロックさんからビールを一ぱいごちそうになっていました。そのおかげで、ひそかに願っていたとおり、ミセルスウェイトのお屋敷で、今のご主人になってからいちばんの大事件が起きたとき、その場にいあわせることになりました。

台所のまどの一つから、中庭のむこうのしばふが見えました。メドロックさんが、ベンは庭にいたのだから、クレイブンさまを見なかったか、ひょっとしてコリンさまに会ってはいないかと、聞きました。

「ああ、お会いしたね。」

ベンはこたえました。

「お二人に？」

「そう、ごいっしょだった。」

ベンはビールの半分を、一口で飲んでしまいました。

「コリンぼっちゃまは、どこにいらしたの？　どんなごようすだった？　お会いになったとき、なんておっしゃった？」

「それは聞かなかった。」

ベンはのこったビールを飲みほし、からになったジョッキをまどにむけてふりながら、いいました。

「それよりあれを見るんだな。ほら、こっちへ来なさるところだ。」

ちょうど、ミセルスウェイト屋敷（やしき）のご主人が、しばふを横切って帰ってくるところでした。その横を、背（せ）をすっきりとのばし、目をかがやかせてしっかりと歩いているのは――コリンぼっちゃまでした！

（『秘密（ひみつ）の花園』　おわり）

あとがき

# 生きる力をよみがえらせてくれるもの

乾侑美子（訳者）

この物語の作者フランシス・ホジソン・バーネットは、一八四九年イギリスのマンチェスターで生まれ、学校教育もマンチェスターで受けました。のちにお父さんをなくして生活にこまったため、一八六五年アメリカに渡って、そこで小説家としての修業をします。はじめは大人むけの小説を書いていましたが、一八八六年、『小公子』を出版してから、子どもの本の作家としても名を知られるようになりました。作品は、大人むけのものも子どもむけのものもたくさんありますが、イギリスをはじめ英語を母国語とする国ぐにでは、一九〇五年に出版された『小公女』と、本書におさめられた『秘密の花園』とが、バーネットの代表作だということに、意見が一致しているようです。

でも日本では、この二作より、『小公子』のほうがよく知られているかもしれません。『小公子』は、作者の次男がモデルだという主人公、セドリック少年のかわいらしさと、子どもの率直な明るさが、かたくなな老人の心をときほぐす、という物語が愛されて、今日でも読みつがれる児童文学の古典の一つになっています。また、『小公女』もよく読まれる作品で、屋根裏部屋に住み、昨日までの友だちのために下働きをする少女セーラ・クルーの名は、本好きの女の子ならたいていは知っているでしょう。

それにくらべると『秘密の花園』は、日本ではあまり目だたない作品です。でも、バーネットの作品の中ではこの物語がいちばん好きというファンもけっして少なくはなく、訳者もその一人です。つむじまがりでみっともなくて、だれからも好きになってもらえないメアリが、わたし自身に思えます。

『秘密の花園』の主人公は、もちろんメアリと、それからコリンです。けれど、題名があらわしているように、花園そのものも、もうひとりの主人公だといえます。だれからもわすれられ、ほっておかれた花園が、春になり、子どもたちの世話をうけて、灰色から緑に、つぼみから花へとよみがえっていく――それと歩調をあわせるようにして、大人の身勝手に心をきずつけられ、かたくなに自分のからの中にとじこもっていた子どもたちも、笑い、遊び、生きていることがうれしくて、自分たちを生かしてくれているものに感謝したくさえなっていくのですから。生まれたときから愛を知らずに育ってきた子どもたちは十歳、花園がわすれられていたのも、十年間です。

子どもたちの心のきずをいやし、生きる力をよみがえらせてくれたのは、土と、そこに育つものでした。バーネットは、自分と、すべて育っていくものとのあいだに、いつもとくべつなつながりを感じていたそうです。春のはじめに、かたい土をおしわけてあらわれる緑色のとがった芽や、自分の赤いチョッキが大のじまんのコマドリを、バーネットがどれほどの愛情をこめてえがいているかを見れば、そのことはすぐわかります。バーネットはこの作品を、アメリカでではなく、イギリスにもどって、緑の美しいケント州の家の、バラ園で書きました。マーサが自分の故郷ヨークシャをじまんするおしゃべりは、そのまま、バーネット自身の故郷じまんだったのでしょう。

この作品では、ムーアも大きな役割をはたしています。ムーアというのは文中にあるとおり、とてもふしぎなところです。なだらかな緑の丘がつづくイギリスの田舎を車で走っていて、とつぜん行く手に、茶色ともむらさきともつかない気味のわるいはげ山が、どこまでもつづいているのが見えてくると、どきっとするほどです。メアリたちの秘密の花園が、一見不毛の土地のような、そのムーアをこえていく、ムーアのはずれにあることは、けっして偶然ではありません。マーサが何度もいうように、荒れはててなにもないように見えるムーアも、時がくれば、世界でいちばん青い空の下で、世界でいちばん美しいところになるのです。

奇跡のようなそういうよみがえりを実現させるのは、『魔法』の力だ、とバーネットはいいます。『魔法』ということばは、この物語の中で、とくべつな意味を与えられています。自分が生きているということを、コリンはこんなふうにいいます。「お日さまが照る——これは魔法だ。花がひらく——これも魔法だ。生きているのは魔法だ。」そしてまた、「ぼくは生きる——ぼくはなにかをさけびたい、なにかを。ありがとう、とか、うれしいよ、とか！」と。

原作は、日本語に訳すと四〇〇字詰め原稿用紙で六〇〇枚以上にもなる、とても長いものです。このシリーズにおさめるために、ずいぶん短くしました。短くなっても原作のもつ香気がそこなわれないように、とつとめたつもりです。そのため、物語の一部をまとめてけずる、というやりかたではなく、まず、なるべく短いことばで訳すように努力し、それだけではまだまだ長いので、物語のすじや子どもたちの心の動きにあまり関係のない、作者の感想の部分をあちこちで少しずつけずり、さらに、召使いたちがどう思っていたかというあたりを、思いきって略しました。読者はそのことを知っていてくださり、いつか機会があったら原作を、できればバーネットが書いたままのものを、読んでくださることを願っています。

またこの作品では、ヨークシャことばが、いつもほこらしげに話されて、大事な役割をはたしています。その感じを日本語であらわそうにも、訳者のわたしは方言が使えません。ですから、それらしいことばを自分でつくれませんでした。そこで、たいていの人がすぐに「ああ、あそこのことばだ」と分かりそうもないことばを話す人に、知恵を貸してもらいました。といっても、せっかくその土地のことばになおしてもらったのに、あまりその土地のものらしくなりすぎて、半分もとにもどしたところもあり、四苦八苦でした。ヨークシャことばにくらべれば、コマドリ語を訳すほうが、まだやさしそうです！

933
秘密の花園

バーネット　作　　乾 侑美子　訳

東京　小学館　1991年

288 p　18 cm

秘密の花園　てんとう虫ブックス

1991年4月20日　初版第1刷発行

訳者／乾 侑美子　絵／かみや しん

発行者／相賀徹夫

発行所／株式会社 小学館　〒101-01 東京都千代田区一ツ橋 2-3-1 振替　東京 8-200

電話　編集(03)3230-5442　業務(03)3230-5333　販売(03)3230-5739

印刷所／図書印刷株式会社

装丁／舟橋菊男　ISBN4-09-230541-9

※万一、落丁乱丁などの不良品がございましたらおとりかえいたします

## すてきな名作の世界へようこそ!!　てんとう虫ブックス

読書の楽しさをひろげる作品が勢ぞろい！大人気のシリーズ

### ② 小公子
バーネット・作／足沢良子・訳
いがらしゆみこ・絵

「ママ、パパは、もうよくなったの？」ママはセドリックの肩に顔をあてて、泣きながら抱きしめました。悲しいその日から、思いもかけない出来事が……。

### ⑩ ふしぎの国のアリス
ルイス＝キャロル・作／立原えりか・訳
宇野亜喜良・絵

白いうさぎを追いかけて野原の穴にとびこんでいったアリス。彼女を待っていたのは…。アリスのふしぎの国めぐりは続きます。

### ⑱ 赤毛のアン
L・M・モンゴメリ・作
村岡花子・訳

元気でおちゃめなアンが美しい自然を舞台に活躍する恋と友情の物語。

### ㉙ あしながおじさん
ジーン＝ウェブスター・作／厨川圭子・訳

孤児院で育ったジュディーに、突然学費を出してくれる人が現われた！

### ㊳ クリスマス・キャロル
ディケンズ・作／足沢良子・訳

クリスマスの夜、幽霊に導かれ、不思議な旅に出たスクルージ。そこで見たものは…。

### ⑦ もしもし、こちらオオカミ
カックンとおっちゃんの誘拐事件のゆくえは…。

### ⑨ 月の砂漠ハラハラドキドキ大横断
毒ヘビ、強盗、灼熱の太陽もなんのその。ラクダに乗って、サハラ砂漠を大横断！

### ⑯ ぼく、ネコの父さんになる！
マルティンとネコのすてきなふれあい物語。

### ㉒ コタロー日記
少年コタローの心温まるゆかいな生活日記。

### ㉗ だめの子日記
15歳の少女が書き残した心の成長日記です。

### ㉛ つむじ風のマリア
ナツミとマリアのすてきな友情と冒険の物語。

### ㊲ レストラン海賊船 お子さまランチは危機一髪！
「レストラン海賊船」シリーズ第2弾。毎日、お子さまランチを食べにくるおばあさんが突然こなくなり、心配になった3人組は…。

★既刊41冊発売中